Sammlung Luchterhand 467

Erich Mühsam

Ich bin verdammt zu warten in einem Bürgergarten

Band 1

Gedichte, Stücke, Prosa

Herausgegeben von Wolfgang Haug

Luchterhand

Originalausgabe
Sammlung Luchterhand, August 1983

Lektorat: Klaus Roehler
Umschlaggestaltung: Kalle Giese, Darmstadt
Umschlagfoto: Ullstein Bilderdienst
Herstellung: Martin Faust
Gesamtherstellung bei der
Druck- und Verlags-Gesellschaft mbH, Darmstadt
ISBN 3-472-61467-6

Inhalt

Vorbemerkung

Diese Auswahl aus Erich Mühsams Werk legt den Schwerpunkt auf die schwieriger zugänglichen publizistischen Arbeiten des Autors. Dies folgt der Einschätzung, daß in ihnen das historisch interessantere Material vorliegt und daß gerade der Publizist Mühsam heute für die größte Unruhe sorgen kann. Während sich der Bänkelsänger Mühsam zunehmender Beliebtheit erfreut, dürfte bei der Auseinandersetzung mit seinen Aussagen noch einiges aufzuholen sein. In seinen zahlreichen Aufsätzen spiegelt sich sein politisches Wirken wie seine literarischen Interessen; es zeigen sich sowohl Mühsams Verbundenheit zum Theater, zu einzelnen Schriftstellern oder zur Boheme wie sein Engagement für die Arbeiterbewegung und für eine herrschaftslose Gesellschaftsordnung. Mühsams anarchistische Überzeugung, mit der wichtigste Aspekt in seinem Werk, konkretisiert sich hier an verschiedensten Themen, und der Leser vermag zu beurteilen, wie sie sich in Analyse und Polemik von zeitgeschichtlichen Vorgängen behauptet.

Obwohl sich Mühsams literarische und politische Artikel nicht klar voneinander trennen lassen – ein Beleg für diese Aussage findet sich in dem für Mühsams Kunstauffassung programmatischen Aufsatz »Tendenz-Lyrik« – ist der Lesbarkeit halber eine solche Aufteilung vorgenommen worden.

Alle Zeitschriftenbeiträge sind vollständig abgedruckt. Eine ausführliche Bibliographie (in Bd. 2) mit einer repräsentativen Auswahl älterer und aktuellerer Besprechungen, von Nachrufen etc. versucht, die Quellenlage für eine weitere Beschäftigung mit dem Autor bereitzustellen – mit allerdings einer wesentlichen Einschränkung. Noch immer liegt der Nachlaß Erich Mühsams, darunter Briefe, Tagebuchaufzeichnungen und Manuskripte, unveröffentlicht und unzugänglich im Moskauer Maxim Gorki Institut. Die Mikrofilmkopien in der Ostberliner Akademie der Künste dürfen – Ausnahmen gab es in den 60er Jahren – von westlichen Benutzern ebenfalls nicht eingesehen werden.

Die Auswahl des ersten Bandes versucht, über eine parallele

Anordnung der Gedichte, Stücke und Prosaschriften ein Bild der verschiedenen Arbeits- und Lebensphasen Mühsams nachzuzeichnen. Für die *Bohemezeit* stehen Gedichte aus »Wüste«, »Krater« und »Wüste-Krater-Wolken«, das Schauspiel »Die Freivermählten« und die Prosaschrift »Ascona«. Dieser Phase entstammt auch das Gedicht »Rendez-vous« (in der Sammlung »Krater«), dessen erste Zeilen dieser Auswahl zu ihrem Titel verhalfen.

Für die *Zeit des 1. Weltkriegs und der nachfolgenden Münchner Räterepublik* stehen Gedichte aus »Brennende Erde«, das Arbeiterdrama »Judas« und die Erinnerungen an die Revolutionszeit 1918/19 »Von Eisner bis Leviné«. Für die Phase der *Weimarer Republik* schließlich sind Gedichte aus Zeitschriften, das Dokumentarstück »Staatsraison« und die theoretische Schrift »Die Befreiung der Gesellschaft vom Staat« aufgenommen worden.

Unschwer wird festzustellen sein, wie sich Mühsams Aussage nach dem 1. Weltkrieg verschärft, wie der satirischen Behandlung z. B. der Sozialdemokratie oder von bürgerlicher Spießermoral ein Ton folgt, der Kapitalismus, Militarismus und Unterdrückung in jeglicher Form analysiert und vehement verurteilt. Trotz aller bedrückenden Erfahrungen – die Ermordung seines Freundes Gustav Landauer gehört genauso dazu wie die eigenen Gefängnisaufenthalte – verhärtet Mühsam nicht. Auch wenn er kompromißlos angreift, bleibt ihm als Grundzug eine freundliche Humanität. Und hier liegt die zweite Einschränkung dieser Auswahl: Mühsam war kein »Schreibtischtäter«. Er hat seine Vorstellung von Anarchismus gelebt; seine Persönlichkeit gehört in einem weit größeren Ausmaß, als dies bei anderen Schriftstellern der Fall sein dürfte, zu seiner Wirkung hinzu.

Wolfgang Haug April 1983

Erich Mühsam Biobibliographie

1878 am 6. 4. in Berlin geboren. Der Vater Siegmund Seligman Mühsam war Apotheker.
1879 Umzug nach Lübeck, wo Erich mit zwei Schwestern aufwächst.
1896 am 11. 1. wird er wegen »sozialistischer Umtriebe« vom humanistischen Gymnasium relegiert. Ursache waren Schulinterna, die er im sozialdemokratischen »Lübecker Volksboten« veröffentlicht hatte.
1898 beendet er die Schulausbildung in Parchim (Mecklenburg) und lernt Apotheker. Erste Gedichte und Artikel in »Das neue Jahrhundert«.
1900 im Dezember Umzug nach Berlin. Über Heinrich Hart Anschluß an die »Neue Gemeinschaft«. Diese aus der Berliner Boheme hervorgegangene Gruppe gründet Lebensgemeinschaften mit dem Ziel, »eine allbeglückende Kultur in sozialer, ethischer und ästhetischer Beziehung zu ermöglichen«. Hart ermutigt Mühsam zum Schreiben. Erzählungen »Der Tod« und »Tante Klodt« (unveröffentlicht).
1901 in der »Neuen Gemeinschaft« Bekanntschaft mit Schriftstellern und Mitgliedern aus der Bewegung der »JUNGEN«, u. a. Bruno Wille, Gustav Landauer, Peter Hille, Paul Scheerbart und Else Lasker-Schüler. Erste satirische Gedichte im »Wahren Jakob«.
1902 Umzug nach Friedrichshagen; Mitbegründer und Redakteur (z. T. unter dem Pseudonym »Nolo«) der anarchistischen Wochenschrift »Armer Teufel«. Mitarbeiter bei der Revue »Fröhliche Kunst«. Freundschaft mit Peter Hille.
1903 die Broschüre »Die Homosexualität. Ein Beitrag zur Sittengeschichte unserer Zeit.«
1904 am 16. 1. distanziert er sich im »Armen Teufel« von der Broschüre. Er sei zu sehr von Dr. Magnus Hirschfeld beeinflußt gewesen. »Billy's Erdengang. Eine Elephantengeschichte für artige Kinder. Verse von Onkel Franz. Mit vielen lustigen

Bildern von Paul Haase« (zusammen mit Hanns Heinz Ewers). »Die Wüste« (Gedichtsammlung).

1904–1908 Reisen (zusammen mit Johannes Nohl) nach München, Paris, Zürich, Wien, ins Tessin und nach Norditalien. Kontakte zu anarchistischen Gruppen oder literarischen Zirkeln in Caféhäusern und Kabaretts. Veröffentlichungen in zahlreichen Zeitschriften (z. B. in »Anarchist«, »Das Blaubuch«, »Freiheit«, »Kampf«, »Le Temoin«, »Weckruf«). Freundschaften mit Max Dauthendy, Max Halbe, Frank Wedekind, Franziska von Reventlow, Peter Altenberg (d. i. Richard Engländer), Karl Kraus und Roda Roda (d. i. Alexander Rosenfeld). Die Satire »Ascona. Eine Broschüre.« (1905), »Die Hochstapler« (1906) und eine Verteidigung Maximilian Hardens »Die Jagd auf Harden« (1908). Unveröffentlicht blieb ein Drama »Glaube, Liebe, Hoffnung« (1908).

1909 läßt er sich in München-Schwabing nieder. Gründung von verschiedenen anarchistischen Gruppen (u. a. »Gruppe Tat«); Agitation unter Vagabunden, Prostituierten etc. (zusammen mit Franz Jung, Oskar Maria Graf, Karl Otten und Georg Schrimpf). Im »Café Stefanie« diskutiert er mit Kurt Eisner, Ernst Toller, Dr. Jaffé u. a., in der »Torggelstube« mit Frank Wedekind, Max Halbe u. a., im »Simpl« mit Redakteuren des »Simplicissimus«. Beiträge in zahlreichen Zeitschriften.

1910 wird nach einem Bombenanschlag in München die Gruppe »Tat« zu Unrecht der Urheberschaft beschuldigt und wegen »Geheimbündelei« angeklagt. Mühsam wird von mehreren Zeitschriften boykottiert und sieht seine Existenz gefährdet.

1911 Herausgabe einer eigenen monatlich erscheinenden Zeitschrift »Kain. Zeitschrift für Menschlichkeit«. »Kain« erschien mit 3000 Auflage in zwei Folgen: einmal vom April 1911 bis zum Juni 1914 mit insgesamt 40 Heften; dann ab dem 18. 11. 1918 bis zum 25. 4. 1919. Aus der 2. Phase stammen ein 4seitiges Flugblatt und 9 Nummern. Mit der Namensgebung »Kain« wählt Mühsam bewußt eine Tradition, die im biblischen Kain

nicht den Brudermörder, sondern den ersten Rebellen der Menschheit symbolisiert sieht.
1912/13 Mitglied im SDS (Schutzverband Deutscher Schriftsteller). In beiden Jahren veröffentlicht er »Kain-Jahreskalender«.
1914 erscheinen kurz vor Kriegsbeginn (und deshalb kaum verbreitet) »Im Nachthemd durchs Leben« und »Die Freivermählten«. Einfluß Frank Wedekinds. Die Gedichte faßt eine Ausgabe »Wüste-Krater-Wolken« zusammen. Bei Kriegsausbruch stellt Mühsam den »Kain« ein; da in seiner Begründung auch von »fremden Horden« die Rede war, wird ihm von Landauer, Pfemfert u. a. vorgeworfen, er habe sich von der Kriegseuphorie anderer Bohemiens anstecken lassen.
1915 am 15. 9. heiratet er Kreszentia (Zensl) Elfinger aus Oberbayern.
1916 bemüht er sich um eine antimilitaristische Einheitsfront sozialistischer, liberaler und pazifistischer Kreise. Reisen nach Berlin und Leipzig. Er nimmt Kontakt auf zu Heinrich Mann, René Schickele, den Professoren Lujo Brentano und Edgar Jaffé sowie zu Ludwig Quidde, dem Präsidenten der Münchner Friedensgesellschaft. Am 17. Juni beteiligt er sich an einer Hungerdemonstration.
Im Nachlaß findet sich ein unvollendeter Roman »Abrechnung« (gegen Krieg und SPD), der um diese Zeit geschrieben sein muß.
1917 enge Kontakte zu USPD-Mitgliedern wie Hugo Haase und Kurt Eisner, den Bremer Linksradikalen um Johann Knief und Julian Borchardt und den Berliner Spartakisten Karl Liebknecht und Rosa Luxemburg.
1918 Beteiligung am Januarstreik. Vom 24. 4. bis zum 31. 10. Haft in Traunstein wegen politischer Betätigung und Verweigerung des Hilfdienstes. Am 7. 11. beteiligt sich das Ehepaar Mühsam aktiv am Sturm auf die Münchner Kasernen und Gefängnisse sowie an der Ausrufung der Novemberrevolution durch Eisner. Am 8. 11. wird Mühsam in den RAR (Revolutionärer Arbeiterrat) gewählt, der gegen Eisners Vorstellungen von einer Republik weiterhin die Revolution propagiert. Um dem

politischen Kampf eine linksradikale organisatorische Basis zu geben, gründet Mühsam am 30. 11. die VRI (Vereinigung Revolutionärer Internationalisten), die sich bald darauf mit den Bremer Linksradikalen zusammenschließt.
1919 am 10. 1. läßt Eisner 12 Radikale, darunter Mühsam und den Spartakistenführer Max Levien, verhaften. Auf Druck einer spontanen Demonstration müssen die Verhafteten wieder entlassen werden. Am 28. 2. stellt Mühsam im Rätekongreß für den RAR und die inzwischen gegründete KPD den Antrag auf Errichtung einer Räterepublik. Mühsam unterliegt mit 70 : 234 Stimmen. Als am 17./18. 3. die Regierung Hofmann (SPD) gewählt wird, treten Anarchisten und Kommunisten aus dem Zentralrat aus. Auf Initiative einer Abordnung aus Augsburg beschließen am 7. 4. Anarchisten, USPD-, SPD- und Bauernbund-Mitglieder die Ausrufung der Räterepublik München. Mühsam und Landauer verfassen die Proklamation. Die Regierung Hofmann flieht nach Bamberg. Mühsam übernimmt Arbeiten im Auswärtigen Amt. Im Verlauf einer von der KPD vereitelten militärischen Operation der Hofmann-Regierung wird Mühsam am 13. 4. verhaftet und in Festungshaft nach Ebrach gebracht. Im »Hochverratsprozeß« (7.–12. 7.) wird er als »treibendes Element« zu 15jähriger Haft verurteilt (ab 1920 in Niederschönenfeld). Mitgliedschaft in der »Roten Hilfe« und in der KPD; Wiederaustritt aus der KPD nach deren Heidelberger Beschlüssen. Gedicht-Nachruf auf den von Freicorps ermordeten Gustav Landauer »1919. Dem Andenken Gustav Landauers.«
1920 arbeitet Zensl Mühsam intensiv für die »Rote Hilfe«. Erich Mühsam veröffentlicht Zeitschriftenbeiträge: er strebt eine Einigung der Revolutionäre auf der Basis eines »rätedemokratischen Bolschewismus« an. Gedichtband »Brennende Erde«.
1921 verarbeitet er im Drama »Judas« seine Revolutionserfahrungen. Der unveröffentlichte Roman »Ein Mann des Volkes« entsteht zwischen 1919–1921.
1922 Aufführungen des »Judas« in Mannheim und Nürnberg.
1923 nimmt er in der Broschüre »Das Standrecht in Bayern«

Stellung zu den Prozessen gegen die Räterepublikaner. Zum 8. Hochzeitstag entsteht ein »Bilderbuch für Zensl«.

1924 vorzeitige Haftentlassung am 21. 12. aufgrund einer (für Adolf Hitler gedachten) Amnestie für politische Häftlinge. Trotz Polizeiabsperrungen am Anhalter Bahnhof in Berlin kommt es zu einem großen Empfang. »Bilderbuch für Zensl zum 9. Hochzeitstag« (zum 40. Todestag Mühsams 1975 veröffentlicht).

1925 Veranstaltungsredner für die »Rote Hilfe«. Beitritt zur Anarchistischen Vereinigung Berlins. In anarchistischen Verlagen erscheinen »Revolution-, Kampf-, Marsch- und Spottlieder« und »Alarm. Manifeste aus 20 Jahren«. In Wien erscheint in Broschürenform »Seenot«, ein parodistisches Gedicht auf die Weimarer Republik.

1926 Broschüre »Gerechtigkeit für Max Hoelz«. Redner für den Volksentscheid zur Fürstenenteignung. Im Oktober Gründung von »Fanal«, einer Monatszeitschrift. Ein Flugblatt vom August macht deutlich, daß Mühsam zunächst vorhatte, alle Beiträge selbst zu schreiben; 1927 schreibt jedoch auch Rudolf Rocker bzw. übernimmt die Herausgabe von »Fanal«, solange Mühsam an seinem Theaterstück »Alle Wetter« arbeitet. Im gleichen Jahr wird »Fanal« zur Organisationszeitschrift der »Anarchistischen Vereinigung«, einer Gruppierung, die sich von der Föderation Kommunistischer Anarchisten (FKAD) abgespalten hatte und in der z. B. auch Herbert Wehner seine ersten politischen Erfahrungen sammelte. Im August 1931 wird »Fanal«, das bis dahin 58mal erschienen war, verboten. Eine Weiterführung 1932 scheitert an finanziellen Gründen; 4 Rundbriefe bis November 1932 belegen Mühsams Absicht, »Fanal« so bald als möglich fortzusetzen.

1927 Mitarbeit im Beirat für Piscators Versuch eines kollektiven Arbeitertheaters. Versammlungsredner gegen den geplanten Justizmord an den italo-amerikanischen Anarchisten Sacco und Vanzetti. Veröffentlichung der »Unpolitischen Erinnerungen« in 25 Fortsetzungen der »Vossischen Zeitung« (bis April 1929).

1928 Wiederaufführung des »Judas« an der Piscatorbühne. Kundgebungsredner u. a. für die Freilassung in Rußland gefangener Sozialrevolutionäre, Maximalisten und Anarchisten. Gedichtauswahl »Sammlung 1898–1928«, Drama »Staatsraison. Ein Denkmal für Sacco und Vanzetti«.
1929 am 21. 4. wird »Staatsraison« vom »November-Studio« im Berliner »Theater in der Stadt« uraufgeführt. Mühsam tritt aus der »Roten Hilfe« aus, weil sie zu sehr unter den Einfluß der KPD gerät. Im Rundfunk hält er einen Vortrag über »Die Freiheit als gesellschaftliches Prinzip«. Broschüre »Von Eisner bis Leviné«, ein autobiographischer Bericht über Novemberrevolution und Rätezeit.
1930 beteiligt bei den Tätigkeiten der Oppositionsgruppe im SDS; öffentliche Veranstaltungen gegen die Notverordnungspolitik, gegen Gesetze, die die Pressefreiheit einschränken, und gegen die NSDAP. Diskussionsversuche mit revolutionären, aus der NSDAP ausgetretenen Nationalisten (Strasser-Gruppe).
1931/32 Ausschluß aus dem SDS wegen Oppositionstätigkeit; Mitinitiator von antifaschistischen Kundgebungen des OSDS (Opposition). Mitglied des »Clubs der Geistesarbeiter« (ebenfalls antifaschistische Veranstaltungen). Im Juli Flugblatt-Aufrufe für den Generalstreik. Lesungen aus seiner unveröffentlichten Parteiensatire »Alle Wetter«.
1933 faßt »Die Befreiung der Gesellschaft vom Staat« Mühsams theoretische Ansichten zusammen. Es ist seine letzte Veröffentlichung. Am 20. 2. spricht er zusammen mit Carl von Ossietzky auf der letzten antifaschistischen Kundgebung des OSDS. In der Nacht des Reichstagsbrandes (27./28. 2.) wird Mühsam morgens um 5 Uhr von der Polizei abgeholt und ins Gefängnis Lehrter Straße gebracht. Vom 6. 4. bis Ende Mai befindet er sich im Lager Sonnenburg, danach bis zum 8. 9. in Plötzensee. Im KZ Brandenburg (nach dem 8. 9.) wird Mühsam schwer mißhandelt. Aus der Einzelhaft in Plötzensee stammt sein drittes »Bilderbuch«.
1934 am 2. 2. wird Mühsam ins KZ Oranienburg überführt und

nach Zeugenaussagen in der Nacht vom 9./10. 7. von der SS-Lagerleitung umgebracht. Die »Berliner Nachtausgabe« meldet seinen Tod am 11. 7. als Selbstmord.
Am 16. 7. wird Erich Mühsam in Berlin-Dahlem beerdigt. Die Bemühungen Zensl Mühsams, über die internationale Öffentlichkeit Druck auf Goebbels auszuüben, um Mühsams Freilassung zu erreichen, waren gescheitert. Zensl Mühsam flieht nach Prag.
1935 veröffentlicht sie in Zürich die Schrift »Der Leidensweg des Erich Mühsam«. Auf Einladung der »Roten Hilfe« reist sie nach Moskau; wenig später bricht die Verbindung zum gemeinsamen Freund und Mit-Nachlaßverwalter Rudolf Rocker ab (Rocker war nach New York geflohen). Zensl wird verhaftet und kommt ins Zwangsarbeitslager Karaganda; erst 1947 wird sie nach Moskau entlassen, muß jedoch bis 1955 auf ihre Ausreiseerlaubnis nach Ostberlin warten. Am 10. 3. 1962 starb Zensl Mühsam in Ostberlin; der Nachlaß Erich Mühsams ist nach wie vor unzugänglich und nur auszugsweise bekannt.

Gedichte

Warum ich Welt und Menschheit nicht verfluche? –
Weil ich den Menschen spüre, den ich suche!

Gebrauchsanweisung für Literarhistoriker

Glaubt ihr mich wert, für künftige Studenten
im Namensalmanach »Wer war's?« vermerkt zu stehn, –
ich lächle schon – doch mag's geschehn:
die Manen zehren gern von Ruhmesrenten.
Laßt die Magister literarischer Seminare
der Verse Rhythmen metrisch spalten,
Symbol-Metaphern unters Prisma halten
und Rühmens machen von der Dichterware,
die Zeugnis gibt poetischen Charakters,
wie sie teils griechisch-schlicht, teils in getragner Gotik
serviert wird, – wenn auch leider die Erotik
oft recht obszön scheint, daß so leicht nichts Nackters
sich findet in der deutschen Lit'ratur;
dies ist betrüblich, – andrerseits
lockt doch auch dieser Muse Formenreiz
und führt bisweilen gar auf ernster Liebe Spur.
Da sieht man, wie aus Herzverdruß
sich des Poeten echte Seufzer ringen,
beziehungsweise, wie Humore schwingen
(zwar häufig bittre) aus der Liebe Ungenuß. –
So mag, was mein intimes Sein bewegte,
bei Hörern und bei Hörerinnen,
mein Lieb- und Leiden Sympathie gewinnen,
wie auch, daß mir der grelle Mondschein Furcht erregte . . .
Nun aber räuspern sich die Professoren:
De mortuis nihil nisi bene!
Doch – tief bedauerlich – es geben jene
ein Quantum wieder meines Ruhms verloren:
Der Dichter, von des Tages Eitelkeit verblendet,
hat manchmal sein beachtliches Talent
– kopfschüttelnd rügt es der Privatdozent –
auch an der Gosse Mobinstinkt verschwendet
und hat in solchen trüben Sphären
mit übeln Kampfgesängen Triebe aufgerührt,

die, hätte sie die Hetze nicht verführt,
dem Bürger nie zur Pein geworden wären . . .
Statt poesievoll alle Menschen zu versöhnen,
schürt er – dies hüllt sein Licht in Schatten –
den Haß des Hungerpöbels auf die Satten,
die Kunst entweihend mit politischen Tönen.
So traf – der Wahrheit sei die Ehre! –
ihn, den wir gern als Zierde des Parnasses nennten
– und ein umflorter Blick streift die Studenten –,
die Strafe der Justiz mit wohlverdienter Schwere.
In den Annalen der politischen historia
wird drum, als Schädling unsres Staats,
der Name aufbewahrt, – der eines Herostrats;
ein Warnungsmal: sic transit mundi gloria!
Hingegen wir, wir unpolitischen Ästheten,
wir kennen und verdammen freilich seine Schmach –
doch unser Musenalmanach
vermerke immerhin den lyrischen Poeten . . .

Soll das der Nachruhm sein, der mir beschieden? –
Es sei: Mein Name gilb in Listen
form- und gemütbegeisterter Seminaristen,
mit einem Schandkreuz angemerkt. – Ich bin's zufrieden.
Sonst sei er ausgelöscht im Weltgedächtnis.
Auch sei, was ich von Mond und Mädchen je gedichtet,
für Dissertationen im Archiv geschichtet:
das Tote ist dem Leben kein Vermächtnis! . . .
Doch, blieb aus meinem Freiheitsruf ein Reim,
ein einziger, lebendig bei Rebellen, –
gelang ein Wort mir, Dumpfheit zu erhellen,
so kehr mein Name gern zum Lethe heim.
Denn: färbt ein weißes Blütenblatt sich rot
vom Blute meiner Leidenschaft –
ein einziges auf dem Feld, wo junge Kraft
den Sieg erkämpfen soll, – so ist mein Werk nicht tot!
Es lebt im Hauche, den es stärkend trug

zum Kampf der Jugend. – Name nicht, noch Wort, –
der Geist, der wirkende lebt fort!
Darf meine Freiheit wirken, ist's mir Ruhm genug.

Ich bin ein Pilger

Ich bin ein Pilger, der sein Ziel nicht kennt;
der Feuer sieht und weiß nicht, wo es brennt;
vor dem die Welt in fremde Sonnen rennt.

Ich bin ein Träumer, den ein Lichtschein narrt;
der in dem Sonnenstrahl nach Golde scharrt;
der das Erwachen flieht, auf das er harrt.

Ich bin ein Stern, der seinen Gott erhellt;
der seinen Glanz in dunkle Seelen stellt;
der einst in fahle Ewigkeiten fällt.

Ich bin ein Wasser, das nie mündend fließt;
das tauentströmt in Wolken sich ergießt;
das küßt und fortschwemmt – weint und froh genießt.

Wo ist, der meines Wesens Namen nennt?
Der meine Welt von meiner Sehnsucht trennt?
Ich bin ein Pilger, der sein Ziel nicht kennt.

Lumpenlied

Kein Schlips am Hals, kein Geld im Sack.
Wir sind ein schäbiges Lumpenpack,
auf das der Bürger speit.
Der Bürger blank von Stiebellack,

mit Ordenszacken auf dem Frack,
der Bürger mit dem Chapeau claque,
fromm und voll Redlichkeit.

Der Bürger speit und hat auch recht.
Der hat Geschmeide gold und echt. –
Wir haben Schnaps im Bauch.
Wer Schnaps im Bauch hat, ist bezecht,
und wer bezecht ist, der erfrecht
zu Dingen sich, die jener schlecht
und niedrig findet auch.

Der Bürger kann gesittet sein,
er lernte Bibel und Latein. –
Wir lernen nur den Neid.

Wer Porter trinkt und Schampus-Wein,
lustwandelt fein im Sonnenschein,
der bürstet sich, wenn unserein
ihn anrührt mit dem Kleid.

Wo hat der Bürger alles her:
den Geldsack und das Schießgewehr?
Er stiehlt es grad wie wir.
Bloß macht man uns das Stehlen schwer.
Doch er kriegt mehr als sein Begehr.
Er schröpft dazu die Taschen leer
von allem Arbeitstier.

Oh, wär ich doch ein reicher Mann,
der ohne Mühe stehlen kann,
gepriesen und geehrt.
Träf ich euch auf der Straße dann,
ihr Strohkumpane, Fritz, Johann,
ihr Lumpenvolk, ich spie euch an. –
Das seid ihr Hunde wert!

Erziehung

Der Vater zu dem Sohne spricht:
Zum Herz- und Seelengleichgewicht,
zur inneren Zufriedenheit
und äußeren Behaglichkeit
und zur geregelten Verdauung
bedarf es einer Weltanschauung.
Mein Sohn, du bist nun alt genug.
Das Leben macht den Menschen klug,
die Klugheit macht den Menschen reich,
der Reichtum macht uns Herrschern gleich,
und herrschen juckt uns in den Knöcheln
vom Kindesbein bis zum Verröcheln.
Und sprichst du: Vater, es ist schwer.
Wo nehm ich Geld und Reichtum her?
So merk: Sei Deines Nächsten Gast!
Pump von ihm, was du nötig hast.
Sei's selbst sein letzter Kerzenstumpen –
besinn dich nicht, auch den zu pumpen.
Vom Pumpen lebt die ganze Welt.
Glück ist und Ruhm auf Pump gestellt.
Der Reiche pumpt den Armen aus,
vom Armen pumpt auch noch die Laus,
und drängst du dich nicht früh zur Krippe,
das Fell zieht man dir vom Gerippe.
Drum pump, mein Sohn, und pumpe dreist!
Pump anderer Ehr, pump anderer Geist.
Was andere schufen, nenne Dein!
Was andere haben, steck dir ein!
Greif zu, greif zu! Gott wird's dir lohnen.
Hoch wirst du ob der Menschheit thronen!

Der Revoluzzer

Der deutschen Sozialdemokratie gewidmet

War einmal ein Revoluzzer,
im Zivilstand Lampenputzer;
ging im Revoluzzerschritt
mit den Revoluzzern mit.

Und er schrie: »Ich revolüzze!«
Und die Revoluzzermütze
schob er auf das linke Ohr,
kam sich höchst gefährlich vor.

Doch die Revoluzzer schritten
mitten in der Straßen Mitten,
wo er sonsten unverdrutzt
alle Gaslaternen putzt.

Sie vom Boden zu entfernen,
rupfte man die Gaslaternen
aus dem Straßenpflaster aus,
zwecks des Barrikadenbaus.

Aber unser Revoluzzer
schrie: »Ich bin der Lampenputzer
dieses guten Leuchtelichts.
Bitte, bitte, tut ihm nichts!

Wenn wir ihn' das Licht ausdrehen,
kann kein Bürger nichts mehr sehen.
Laßt die Lampen stehn, ich bitt! –
Denn sonst spiel ich nicht mehr mit!«

Doch die Revoluzzer lachten,
und die Gaslaternen krachten,

und der Lampenputzer schlich
fort und weinte bitterlich.

Dann ist er zu Haus geblieben
und hat dort ein Buch geschrieben:
nämlich, wie man revoluzzt
und dabei doch Lampen putzt.

Kalender 1912

Januar: Das Jahr beginnt um Mitternacht,
wenn Luft und Land vor Kälte kracht.
Der Mensch grüßt froh den Neujahrstag
und ahnt doch nicht, was kommen mag.

Februar: Der Sturm zerbricht den kahlen Ast.
Auf tobendem Meere birst der Mast.
Eis treibt zum Meer, Schnee stürzt zu Tal.
Die Menschen feiern Karneval.

März: Die Welt erwacht aus Wintersnot.
Wild kämpft das Leben mit dem Tod.
Im Freiheitssehnen schwillt das Herz.
Der Mensch erfleht sein Heil vom März.

April: Heut Regen, Wind und Hagelschlag
und morgen strahlender Sonnentag.
Der Menschheit Schicksal muß geschehn
Durch Kreuzigung und Auferstehn.

Mai: Zur Paarung drängt's die Kreatur
und neuer Samen schwängert die Flur.
Verkündend schwebt der heilige Geist
zum Menschen, der dies Liebe heißt.

Juni: Das Licht der langen Tage glänzt
auf grüne Lande bunt bekränzt.
Im warmen Sonnenschein gerät,
was für den Herrn der Knecht gesät.

Juli: Die Luft liegt glühend überm Land.
Dumpf gähnt der Himmel im Sonnenbrand.
Die Berge und die Wasser ruhn, –
der Mensch muß seine Arbeit tun.

August: Gewölk reißt donnernd und zündend entzwei.
Gelähmte Lüfte atmen frei.
Sternschnuppen fahren den Himmel entlang.
Der Herr der Erde nur seufzt im Zwang.

September: Der Boden saugt neuen Regen ein.
Die Saat trägt Früchte. Es reift der Wein.
Was weise Allmacht den Menschen gab,
der Reiche nimmt es dem Armen ab.

Oktober: Der Herbst folgt der Natur Gebot.
Die Blätter färben sich gelb und rot.
Die Vögel fliehen mittagwärts.
Den Menschen faßt ein Abschiedsschmerz.

November: Der Sturm entlaubt den Wald und gellt.
Das Meer braust auf, das Schiff zerschellt.
Den Armen beugt die Sorgenlast,
der Hunger kommt bei ihm zu Gast.

Dezember: Die Erde kleidet sich in Schnee.
Die ganze Welt ist kalt und weh.
Vor Gott sind alle Menschen gleich.
Sie träumen vom ewigen Friedensreich.

Kalender 1913

Januar:

Der Reiche klappt den Pelz empor,
und mollig glüht das Ofenrohr.
Der Arme klebt, daß er nicht frier',
sein Fenster zu mit Packpapier.

Februar:

Im Fasching schaut der reiche Mann
sich gern ein armes Mädchen an.
Wie zärtlich oft die Liebe war,
wird im November offenbar.

März:

Im Jahre achtundvierzig schien
die neue Zeit heraufzuziehn.
Ihr, meine Zeitgenossen, wißt,
daß heut noch nicht mal Vormärz ist.

April:

Wer Diplomate werden will,
nehm sich ein Muster am April.
Aus heiterm Blau bricht der Orkan,
und niemand hat's nachher getan.

Mai:

Der Revoluzzer fühlt sich stark.
Des Reichen Vorschrift ist ihm Quark.
Er feiert stolz den ersten Mai.
(Doch fragt er erst die Polizei.)

Juni:

Mit Weib und Kind in die Natur
zur Heilungs-, Stärkungs-, Badekur.
Doch wer da wandert bettelarm,
Den fleppt der würdige Gendarm.

Juli:

Wie so ein Schwimmbad doch erfrischt,
wenn's glühend heiß vom Himmel zischt!
Dem Vaterland dient der Soldat,
kloppt Griffe noch bei dreißig Grad.

August: Wie arg es zugeht auf der Welt,
wird auf Kongressen festgestellt.
Man trinkt, man tanzt, man redet froh,
und alles bleibt beim status quo.

September: Vorüber ist die Ferienzeit.
Der Lehrer hält den Stock bereit.
Ein Kind sah Berg und Wasserfall,
das andre nur den Schweinestall.

Oktober: Zum Herbstmanöver rücken an
der Landwehr- und Reservemann.
Es drückt der Helm, es schmerzt das Bein.
O welche Lust, Soldat zu sein!

November: Der Tag wird kurz. Die Kälte droht.
Da tun die warmen Kleider not.
Ach, wärmte doch der Pfandschein so
wie der versetzte Paletot!

Dezember: Nun teilt der gute Nikolaus
die schönen Weihnachtsgaben aus.
Das arme Kind hat sie gemacht,
dem Reichen werden sie gebracht.

Kriegslied

Sengen, brennen, schießen, stechen,
Schädel spalten, Rippen brechen,
spionieren, requirieren,
patrouillieren, exerzieren,
fluchen, bluten, hungern, frieren . . .
So lebt der edle Kriegerstand,
die Flinte in der linken Hand,

das Messer in der rechten Hand –
mit Gott, mit Gott, mit Gott,
mit Gott für König und Vaterland.

Aus dem Bett von Lehm und Jauche
zur Attacke auf dem Bauche!
Trommelfeuer – Handgranaten –
Wunden – Leichen – Heldentaten –
bravo, tapfere Soldaten!
So lebt der edle Kriegerstand,
das Eisenkreuz am Preußenband,
die Tapferkeit am Bayernband,
mit Gott, mit Gott, mit Gott,
mit Gott für König und Vaterland.

Still gestanden! Hoch die Beine!
Augen gradeaus, ihr Schweine!
Visitiert und schlecht befunden.
Keinen Urlaub, Angebunden.
Strafdienst extra sieben Stunden.
So lebt der edle Kriegerstand.
Jawohl, Herr Oberleutenant!
Und zu Befehl, Herr Leutenant!
Mit Gott, mit Gott, mit Gott,
mit Gott für König und Vaterland.

Vorwärts mit Tabak und Kümmel!
Bajonette. Schlachtgetümmel.
Vorwärts! Sterben oder Siegen!
Deutscher kennt kein Unterliegen.
Knochen splittern, Fetzen fliegen.
So lebt der edle Kriegerstand.
Der Schweiß tropft in den Grabenrand,
das Blut tropft in den Straßenrand,
mit Gott, mit Gott, mit Gott,
mit Gott für König und Vaterland.

Angeschossen, – hochgeschmissen, –
Bauch und Därme aufgerissen.
Rote Häuser – blauer Äther –
Teufel! Alle heiligen Väter! . . .
Mutter! Mutter!! Sanitäter!!!
So stirbt der edle Kriegerstand,
in Stiefel, Maul und Ohren Sand
und auf das Grab drei Schippen Sand –
mit Gott, mit Gott, mit Gott,
mit Gott für König und Vaterland.

Der Gefangene

Ich hab's mein Lebtag nicht gelernt,
mich fremdem Zwang zu fügen.
Jetzt haben sie mich einkasernt,
von Heim und Weib und Werk entfernt.
Doch ob sie mich erschlügen:
  Sich fügen heißt lügen!

Ich soll? Ich muß? – Doch will ich nicht
nach jener Herrn Vergnügen.
Ich tu nicht, was ein Fronvogt spricht.
Rebellen kennen bessre Pflicht,
als sich ins Joch zu fügen.
  Sich fügen heißt lügen!

Der Staat, der mir die Freiheit nahm,
der folgt, mich zu betrügen,
mir in den Kerker ohne Scham.
Ich soll dem Paragraphenkram
mich noch in Fesseln fügen.
  Sich fügen heißt lügen!

Stellt doch den Frevler an die Wand!
So kann's euch wohl genügen.
Denn eher dorre meine Hand,
eh ich in Sklavenunverstand
der Geißel mich sollt fügen.
Sich fügen heißt lügen!

Doch bricht die Kette einst entzwei,
darf ich in vollen Zügen
die Sonne atmen – Tyrannei!
Dann ruf ich's in das Volk: Sei frei!
Verlern es, dich zu fügen!
Sich fügen heißt lügen!

Das sind die Nächte, die mir Furcht erregen

Das sind die Nächte, die mir Furcht erregen,
wo sich der Mond an meine Seite schmiegt
und kranke Schatten führt an meinen Wegen,
entschleiernd, was am Grund des Grauens liegt.

Oh, hassenswert sind diese hellen Nächte.
Ich will im Dunkeln meine Straße gehn.
Ich dulde nicht, daß unbekannte Mächte
mit scheelem Blick in meine Seele sehn.

Verhaßter Mond, der feil und unverschwiegen
mir in mein innerstes Geheimnis bricht!
Ich wollt, ich dürft erst tot im Grabe liegen,
gefeit vor Furcht und unerbetnem Licht.

Firnis

Mensch, wenn du keine Bleibe hast,
dann bummle mal im Westen
und lab den Blick an Filmpalast,
an Tanz- und Schlemmpalästen.

Und sieh die Luxusläden bloß –
du staunst am ganzen Leibe –
so schön, so hell, so voll, so groß
(und du hast keine Bleibe!)

das Wollgeschäft, das Nepplokal,
auch die Rasiersalöne:
Erbaut aus edlem Material,
verkünden sie das Schöne.

Aus Kitsch mit strengem Linienstil,
aus Weihe mit Erfrischung,
aus Weltanschauung mit Persil
paart sich pikante Mischung.

Das birst von Marmor und Damast,
das strahlt von Gold und Flimmer –
bloß von der Hypothekenlast,
Mensch, merkt man keinen Schimmer.

Die Stadt Berlin, sie baut nicht mehr
und spart an allen Ecken.
Mag Kranken-, Schuldienst und Verkehr
verdrecken und verrecken!

Im Westen kennen sie den Dreh,
wie Baugeld man zur Stell' schafft:
Man spekuliert aufs Portemonnaie
der besseren Gesellschaft.

Der Putz modern-originell
muß den Kalkül verschönern,
dann gibt's ein prächtiges Gestell –
die Füße sind nur tönern.

Mit Bierschaum neppt der Wirt den Gast
und denkt an Pacht und Zinsen.
Denn hinter Nepp- und Tanzpalast
sieht er die Pleite grinsen.

Puh – parfümierter Aasgeruch
strömt aus den Prunkpalästen. –
Berlin in Bruch, du selbst in Bruch – –
Mensch, bummle mal im Westen!

Leitsatz

Fürcht nicht die Stunde, da du stirbst.
Die Welt, o glaub's nur, kann dich missen.
Kein Stern, um dessen Licht du wirbst,
wird mit dir in den Tod gerissen.

Solange du lebst, wirst du gebraucht.
Soll dich das Leben nicht vergessen,
sorg, daß die Tat nicht untertaucht,
an der du deine Kraft gemessen.

Leb, daß du stündlich sterben kannst,
in Pflicht und Freude stark und ehrlich.
Nicht dich – das Werk, das du begannst,
mach für die Menschheit unentbehrlich!

Mein Testament

Und hab ich einst vollendet,
dann scharrt den Mühsam ein.
Ein Tränlein noch gespendet –
ein Gruß ins Grab gesendet –
darauf ein Leichenstein:
Sanft modre dein Gebein!

Und wenn ein Jahr verflossen,
dann, die ihr lauft und hinkt,
Zechbrüder und Genossen!
Der Tag sei froh begossen!
Ein blanker Tropfen blinkt. –
Mir zum Gedächtnis: Trinkt!

Ihr sollt Bescheid mir geben,
das ist mein letzt Gebot.
Die Becher sollt ihr heben:
Laßt meinen Leichnam leben! –
Vorbei ist alle Not! – –
Hoch Mühsam! – Hoch der Tod!

Stücke

Die Ahnung

Ich trank meinen Morgenkaffee und ahnte nichts Böses.
Es klingelte. Ich ahnte noch immer nichts Böses.
Der Briefträger brachte mir ein Schreiben.
Nichts Böses ahnend öffnete ich es.
Es stand nichts Böses darin.
Ha! rief ich aus. Meine Ahnung hat mich nicht getrogen.

Die Freivermählten

Polemisches Schauspiel in drei Aufzügen

2. Aufzug

Dasselbe Zimmer wie im 1. Akt. Sellmann sitzt vor einem Reißbrett am Tisch und zeichnet. Es klopft. Herein tritt Rack.

Rack Ich komme wohl ein bißchen früh?

Sellmann Alma ist an die Bahn gegangen. Es ist zehn Minuten über vier. Vor einer Viertelstunde erwarte ich sie nicht.

Rack Störe ich dich bei der Arbeit?

Sellmann Durchaus nicht. Ich wollte ohnehin gerade aufhören. Willst du mal hersehen? Das ist ein Grundriß für das Krematorium, das der Leichenverbrennungsverein bauen lassen will.

Rack Man hat ein Preisausschreiben erlassen, nicht war?

Sellmann Mehr pro forma. Es ist wohl sicher, daß mir der Bau übertragen wird. Ich bin seit fünf Jahren Mitglied des Vereins.

Rack In euren Reformbewegungen gehts ja zu wie bei den Staatsregierungen: gute Gesinnung verbürgt das stärkste Können, womit ich natürlich deiner Fähigkeit keineswegs zu nahe treten will.

Sellmann Du gibst mir doch zu, daß eine Bewegung sich selbst schaden müßte, wenn sie Leute unterstützte, die auf einem feindlichen Standpunkt stehen.

Rack Ja freilich, die Welt wird von Standpunkten aus regiert. Wenn ihr möglichst starr auf einem Standpunkt steht, so nennt ihr es eine Bewegung.

Sellmann Mit deiner Duldsamkeit wirst du nicht weit kommen.

Rack Ich habe noch gar nicht gemerkt, daß ich sonderlich duldsam wäre. Ich bin im Gegenteil recht intolerant gegen den Formalismus, in dem man gute Ideen, die fließendes Leben brauchen, vertrocknen läßt.

Sellmann Ich sehe schon, worauf du wieder hinauswillst. Wie sagtest du doch neulich? Wir sägen den Baum, den wir fällen wollen, an hundert Stellen mit einem Taschenmesser an, aus Angst, er könnte wirklich umfallen.

Rack All euer freiheitlicher Vereinsenthusiasmus scheint mir absurd. Als unsere Väter auf den geistreichen Einfall kamen, daß Juden auch Menschen sind, begruben sie den Gedanken in Freimaurerlogen. Heute sind wir weiter. Heute verbrennen wir die Einsicht, daß der liebe Gott keinen Vollbart trägt, in Freidenkerkrematorien.

Sellmann Wüßte ich nicht aus deinen Büchern und Reden, wie fanatisch dein Haß gegen die staatlichen und gesellschaftlichen Traditionen ist, ich käme auf den Verdacht, daß dir jeder Idealismus abgeht.

Rack Für euren Idealismus fehlt mir in der Tat das Verständnis. Ihr schlagt mit eurem Idealismus alle ewigen Ideale tot.

Sellmann Das könnte jeder Pfaffe gesagt haben. *Es klopft.* Herein!

Briefträger Guten Tag! Ein eingeschriebener Brief für Herrn Heinz Sellmann.

Sellmann Ja, geben Sie ihn nur her. – Vom Leichenverbrennungsverein? Die werden schon wieder ganz besondere Wünsche haben für den Kasten. Jeden Tag fallen ihnen neue Nebenräume ein. Da kann ich womöglich den ganzen Plan noch einmal zeichnen.

Briefträger Wollen Sie bitte hier unterschreiben? *Geschieht.*

Sellmann gibt ihm ein Trinkgeld Bitte, für den Weg.

Briefträger Danke schön, Herr Sellmann. Guten Abend, meine Herren.

Briefträger ab.

Sellmann erbricht den Brief Entschuldige einen Moment!

Rack Lies nur. – Aber was hast du denn? Ist es was Schlimmes?

Sellmann So mußte es kommen! Das hat noch gefehlt! – Höre: »Sehr geehrter Herr Sellmann! Leider sehen wir uns genötigt, Ihnen mitzuteilen, daß unser letzter Brief, in dem wir Ihnen unsere Wünsche über die Einzelheiten des Krematoriums auseinandersetzten, gegenstandslos geworden ist. In der letzten Zeit sind wiederholt Gerüchte zu uns gedrungen, welche sich auf die Dame beziehen, die sich in Ihrer Gesellschaft befindet, und geeignet sind, den Ruf der Lauterkeit derjenigen Bestrebungen zu trüben, an denen Sie teilnehmen. Unsere freiheitlichen Ideen werden um ihrer selbst willen so viel angefeindet, daß wir die größte Ursache haben, in der Auswahl unserer Repräsentanten mit der peinlichsten Gewissenhaftigkeit zu verfahren. Wir dürfen unseren Gegnern keine Angriffsfläche bieten. Übertrügen wir Ihnen den Bauauftrag, so wären verletzende Angriffe, deren Spitze sich natürlich auch gegen uns richtete, gar nicht zu vermeiden. Nach mehrfachen eingehenden Erörterungen der Angelegenheit und nach reiflicher Überlegung müssen wir Sie daher zu unserm großen Bedauern bitten, von Ihrer Absicht, sich an der von uns ausgeschriebenen Konkurrenz zu beteiligen, zurückzustehen. Ihre Arbeit hätte keine Aussicht auf Berücksichtigung. Mit vorzüglicher Hochachtung Der Leichenverbrennungsverein I. A.: Johann Toms.«

Was sagst du dazu?

Rack Pfeif doch auf die Leute.

Sellmann läuft aufgeregt umher.

Rack Sag mal, sind diese Leute auch Mitglieder deiner Freidenkervereinigung?

Sellmann Unsere Bewegungen setzen sich ja fast alle aus den gleichen Mitgliedern zusammen. – Diese Ungerechtigkeit! Alma so falsch zu verdächtigen!

Rack Wäre der Verdacht gerechtfertigt, so wäre das Verhalten deiner Gesinnungsgenossen doch gerade so gemein.

Sellmann Dieses Krematorium sollte meine Existenz begründen.

Rack Mit Freigeistern scheint kein Geschäft zu machen zu sein. Du solltest das endlich einsehen und Alma heiraten.

Sellmann Mach jetzt keine schlechten Witze.

Rack Es ist mein Ernst.

Sellmann plötzlich Den ganzen Ärger habe ich nur dir zu verdanken.

Rack Insofern du Alma überhaupt mir zu danken hast.

Sellmann Deine Intimität mit Alma paßt mir schon lange nicht. Fremde Menschen können natürlich nicht wissen, daß du kein Glück bei ihr hast. Aber ich selbst sehe recht wohl, daß du darauf ausgehst, mich mit ihr zu betrügen.

Rack Du solltest dich wegen dieser Äußerung schämen. Ein Mann der sich betrügen läßt, ist ein Idiot. Daß ich Alma liebe, verschweige ich dir so wenig wie ihr. Und ich verschweige dir auch nicht, daß ich es als ein Glück für Alma betrachten würde, wenn sie meine Liebe erwiderte. Ihr Verhältnis zu dir brauchte das gar nicht zu berühren.

Sellmann Du hast Ansichten, die jedem Reinlichkeitsgefühl Hohn sprechen. Ich muß dich bitten, auf meine Empfindungen Rücksicht zu nehmen.

Rack Auf deine Eifersucht?

Sellmann Nenne es wie du willst.

Rack Wenn einer von uns beiden Grund hat, auf den andern eifersüchtig zu sein, so glaube ich, bin ich es eher als du. Mir hat die Liebe gehört, die du empfängst. Aber so kindisch bin ich nicht, daß ich dich für Almas veränderte Gesinnung gegen mich verantwortlich mache.

Sellmann Dann kannst du dich ja mit der Tatsache dieser Veränderung zufrieden geben und brauchst dich nicht zwischen unser Glück zu drängen.

Rack Solange mich Alma nicht von ihrer Schwelle weist, werde ich ihr meine Nähe nicht entziehen. Sie braucht meine Freundschaft so nötig, wie deine Zärtlichkeit. Vielleicht wird sie einmal begreifen, daß ihre Liebe zu dir an Wert nur gewinnen kann, wenn sie mir – oder einem beliebigen andern – das Recht zu der gleichen Zärtlichkeit einräumte. Bei einer wertvollen Frau hat nur der Mann Aussicht, dauernd glücklich zu sein, der vor ihr im ständigen Vergleich mit andern Männern besteht.

Sellmann Deine Paradoxe mögen sehr geistreich sein. Mir imponieren sie nicht.

Rack Schlimm genug, daß die Träger freier Ideen heute noch die einfachsten Überlegungen für paradox halten. Warum verkümmern denn die Ehefrauen in den bürgerlichen Familien zu so trostloser Reizarmut? – Weil sie in dem Aberglauben erzogen werden, sie müßten ihre Gaben für den einzigen Mann konservieren, der ihnen zur Führung einer lebenslänglichen Ehe zugebracht wird. Allein die Vorstellung macht mich schaudern, daß es Frauen gibt, die im ganzen Leben nur ihren glatzköpfigen, schmerbäuchigen, kloßhändigen, schweißrüchigen Ehegatten geküßt haben.

Sellmann Daß die Frau, die man zu sich nimmt, unberührt sei, verlangt kein moderner Mensch mehr.

Rack Im Gegenteil. Wenn sie schon etwas hinter sich hat, ist es um so verlockender für euch moderne Menschen, ihr die Vergangenheit abzugewöhnen. Ihr erzieht sie zur Monogamie, weil ihr eurer Frau auch dann noch sicher sein wollt, wenn ihr euch vor ihr gehen laßt. Ihr seid eifersüchtig aus Bequemlichkeit. Eifersucht, die infamste Form des Besitzneides, ist die erbärmliche Ausflucht eurer Feigheit; denn euch bangt vor der fähigeren Konkurrenz solcher Männer, die einer Frau das Recht zu uneingeschränkter Selbstbestimmung zuerkennen.

Sellmann Du sprichst die Sprache eines Enttäuschten. Deine Konkurrenz hat sich nicht als leistungsfähig erwiesen.

Rack Du bist unfein, Sellmann, und undankbar gegen Alma. Ich stehe nicht als der eifersüchtige Verschmähte deiner Frau vor dir, sondern als ihr Rechtswalter. Ich wünsche dich ihrer wert zu machen, indem ich ihren Wert vor dir verteidige.

Sellmann Mir braucht kein Mensch zu sagen, was Alma wert ist.

Rack Doch. Du achtest die Frauen nicht hoch genug, um Alma genug lieben zu können.

Sellmann Ich achte die Frauen nicht? Wo ich mich von jeher allen Verspottungen zum Trotz auf die Seite der Frauenrechtlerinnen geschlagen habe!

Rack Ja, politische Rechte willst du ihnen geben. Es genügt gerade, daß uns Männern mit den politischen Rechten jedes persönliche Recht genommen wird. Das Recht, das die

Frauen zu fordern haben, ist die freie Verfügung über ihre Person.

Sellmann Die will ich ihnen keineswegs verwehren.

Rack Aber deine Frau willst du für dich allein haben. Das Recht auf Abwechslung, das wir Männer ganz selbstverständlich ausüben, wird den Frauen verweigert.

Sellmann Ich habe Alma noch nie betrogen.

Rack Das würde dir auch nicht gelingen. Kennst du Alma noch so wenig, daß du meinst, sie könnte sich durch irgend welche Begegnungen, die du erfährst, betrogen fühlen? Alma weiß recht gut, daß zwei Menschen mit einem gemeinsamen Dritten niemals das gleiche erleben können. Daher entgeht einem liebenden Manne so wenig wie einem liebenden Weibe ein Atom von der Liebe, die ihm gehört, und wenn auch der andere Teil nebenher noch ein halbes Dutzend Beziehungen unterhält. Hindert aber ein Mann seine Frau, – sei es auch nur durch ein Merkenlassen von Eifersucht, – alle ihre Wünsche nach Liebe zu stillen, so zerstört er in ihr die Besonderheit, auf der ihre Schönheit beruht. Er versklavt sie seinen Besitzgelüsten, und jede Annäherung, jeder Kuß, jede Liebesbezeigung von ihm zu ihr wird zur Notzucht.

Sellmann Ich bin nicht in der Stimmung, jetzt auf deine dialektischen Verschrobenheiten einzugehen. Mir bricht meine beste Hoffnung über dem Kopf zusammen und statt mich zu trösten – –

Rack bricht in Lachen aus.

Sellmann Ich verbitte mir das Gelächter. Bedenke gefälligst, daß du hier noch nicht ganz zu Hause bist.

Rack Der Umstand, daß du hier wohnst, brauchte dich immerhin nicht zu veranlassen, dermaßen zu schreien.

Die Tür öffnet sich. Herein tritt Alma Lüders, Artur Vogel, 40 Jahre, und Else Vogel, 28 Jahre.

Alma Zankt man sich hier?

Rack O, eine kleine Meinungsverschiedenheit. Nur ein Prinzip.

Sellmann So? – *Betreten.* Herzlich willkommen, liebe Freunde!

Alma Ihr kennt unseren Freund, Herrn Camillo Rack?

Rack Ich glaube, ich hatte schon einmal das Vergnügen, der gnädigen Frau vorgestellt zu werden. – Na, – *begrüßt Vogel* – und wir zwei sind alte Bekannte.

Alma Legt nur erst ab und machts euch bequem.

Vogel Nun, Heinz, was macht das Handwerk? – Ah, was hast du denn da auf dem Reißbrett? Den Grundriß zu einem Prachtbau!

Sellmann reißt die Zeichnung vom Reißbrett Reden wir nicht davon. Die Sache ist erledigt.

Else zu Alma Dein Mann scheint schlechter Laune zu sein.

Alma Was hast du nur, Heinz?

Sellmann Laß mich in Ruhe!

Alma Er ist sehr nervös. *Zu Rack.* Ihr scheint Euch ernstlich gestritten zu haben.

Rack zuckt die Achseln.

Alma ablenkend Wollten Sie nicht den jungen Walter mitbringen?

Rack Ja, ich habe ihn aufgefordert. Er wollte aber noch arbeiten, solange es hell ist. Er versprach dann herzukommen. Ich denke mir, er wird bald hier sein.

Alma Ein sehr begabter junger Künstler, Else.

Else Ein Maler?

Alma Ja, in der Ausstellung hängt ein Bild von ihm: ein Kind, das mit einer Katze spielt. Ausgezeichnet in der Bewegung und sehr lebendig in den Farben. – Er ist erst zwanzig Jahre alt.

Vogel Siehst du, Elschen, hier werden dir gleich Menschen vorgesetzt, mit denen du dein Steckenpferd reiten kannst. So weiß ich dich wenigstens versorgt, wenn ich bummeln gehe.

Alma Sie sind immer noch der Alte, Artur.

Vogel Noch älter, Frau Alma. 40 Jahre. Der Kopf wächst langsam durch die Haare, und die Westenschnalle muß immer weiter aufgelassen werden.

Rack Wissen die Herrschaften schon, wo sie wohnen werden?

Else Artur wird wohl zu seiner alten Freundin Julie gehen wollen.

Vogel Wenigstens will ich sie mal fragen, ob sie den alten Spießbürger noch leiden mag.

Sellmann Ihr wohnt nicht zusammen?

Vogel Nee, nee, lieber nicht! Das haben wir uns abgewöhnt. Man verträgt sich mit seiner Frau Gemahlin schon am besten, wenn man nicht zu lange mit ihr verheiratet ist.

Alma Dann wohnt Else natürlich bei mir. *Umarmt sie.* O, Kinder, wie ich mich freue, daß ihr da seid! Ach was, Artur, – Sie kriegen auch einen Kuß! *Küßt ihn.*

Rack Und ich?

Sellmann Rack, ich bitte dich, unterlasse diese Scherze!

Alma Sei doch nicht komisch, Heinz. Wir sind alle guter Dinge, und du sitzst da wie ein Griesgram.

Sellmann Ich habe sehr wenig Ursache, lustig zu sein. Mit dem Krematorium ist es nichts. Man nimmt Anstoß an deinem Lebenswandel.

Alma Die Gesellschaft ist ja verrückt. – Aber sei doch froh, wenn du nichts mehr mit den Philistern zu tun zu haben brauchst.

Sellmann Meinst du? Meine Enttäuschung scheint dich nicht zu interessieren. Du weißt doch, wie wichtig mir die Ausführung dieses Baues gewesen wäre. Und da müssen jetzt Gerüchte entstehen, die alle meine Hoffnungen zerstören. Aber statt nun alles zu vermeiden, was dem Klatsch Nahrung geben kann, benimmst du dich wieder –

Alma Du wirst doch jetzt keine Szene machen, Heinz, wo eben Gäste ins Haus gekommen sind!

Sellmann Gegen dich richten sich ja auch meine Vorwürfe, viel weniger, als gegen diesen Rack –

Rack Dieser Rack kann ja auch gehen –

Sellmann Ich habe nichts dagegen.

Rack Habe ich mich also als hinausgeworfen zu betrachten?

Sellmann Deute dir mein Verhalten, wie du magst!

Alma Besinne dich, Heinz! Es ist nicht klug, was du da tust.

Sellmann Ach was, ich habe dies Compagnie-Geschäft nachgerade satt.

Rack greift zum Hut, zu Alma Wann werde ich Sie sehen?

Alma Ich komme morgen früh zu Ihnen.

Sellmann Wie?

Alma O bitte, ich habe nur mit Rack eine Verabredung getroffen.

Vogel Kinder, die Stimmung scheint hier heute nicht ganz sonnig zu sein. Ich denke, Elschen, wir begleiten Herrn Rack ein Stück.

Alma Nein, bitte, bleibt. Heinz, komm doch mit mir ins Speisezimmer. Ich muß mit dir sprechen. Ihr entschuldigt uns eine Weile. Ihr sollt euch heute noch ganz wohl bei uns fühlen.

Rack küßt Alma die Hand Ich habe die Ehre, meine Herrschaften.

In der Tür begegnet ihm Tobias Walter, 20 Jahre.

Rack Guten Abend, lieber Herr Walter, Gehen sie nur hinein.

Walter Sie gehen?

Rack Das braucht Sie nicht zu stören. Sie finden dort die angenehmste Gesellschaft. Auf Wiedersehen. *Ab.*

Alma Willkommen, Herr Walter. Darf ich Sie bekannt machen? Herr und Frau Vogel. – Meine Freundin ist auch Malerin.

Walter Ich glaube, Herr Sellmann erzählte schon von Ihnen. Guten Tag, Herr Sellmann.

Sellmann Guten Abend. – Also Alma, ich stehe zu deiner Verfügung.

Alma Ihr werdet euch eine Weile ohne uns unterhalten, ja?

Else Laßt euch durch uns gar nicht stören.

Sellmann und Alma ab.

Vogel Donnerwetter, das war aber ekelhaft peinlich eben.

Else Von der Seite kannte ich Sellmann noch gar nicht.

Vogel Die Programmenschen der Freiheit sind fast immer so. Je mehr sie von einer Idee besessen sind, um so weniger wissen sie von ihrer Anwendung. Aber Alma gefällt mir. Die läßt sich nicht verblüffen.

Walter Haben Sellmanns sich gestritten? Ich kam hier in eine so verstörte Situation hinein.

Else Es hat keine Bedeutung. – Setzen Sie sich, Herr Walter, und erzählen Sie uns von Ihren Arbeiten.

Walter Wenn es Sie interessiert. Ich male jetzt nur Stilleben. Man spart das Modellgeld.

Vogel Sehr gescheit. Sie haben in der Ausstellung ein Bild?

Walter Ja: »Kind mit Katze spielend«. – Ich hoffe, es zu verkaufen. Es ist mit 200 Mark angesetzt. Wenn ich die kriege, kann ich wieder etwas Großes anfangen.

Vogel Wir gehen morgen in die Ausstellung, nicht Elschen? Wenn es uns gefällt, ließe sich ja über den Ankauf reden.

Walter Ach, das wäre fein! – Wenn ich spazieren gehe, mache ich gewöhnlich in den Anlagen kleine Bleistiftskizzen.

Else Haben Sie Ihr Skizzenbuch bei sich, ja? Da wollen wir gleich mal etwas von Ihrer Kunst sehen.

Walter legt das Skizzenbuch auf Es sind lauter landschaftliche Motive. – Das da ist ein Holzsteg am Stadtgarten.

Else Sehr hübsch. – Artur, gib mir eine Zigarette.

Vogel nimmt das Etui aus der Tasche Teufel auch, ich habe keine mehr. Wart einen Moment, ich hole welche herauf.

Else Bitte, tu das. Hier im Hause ist ein Tabakgeschäft.

Vogel ab.

Else Ich freue mich darauf, die Anlagen wieder zu sehen. Ich habe dort auch viel gezeichnet.

Walter Vielleicht können wir mal zusammen dort arbeiten.

Else Natürlich, sehr gern, wenn Sie sonst keine Begleitung haben.

Walter Nein, ich gehe fast immer allein. Ich habe gar keine Freunde, die auch Maler wären.

Else Haben Sie denn keine Freundin?

Walter Eine Freundin? Ich kenne die Kolleginnen von der Malschule nur vom Sehen.

Else Es braucht ja keine Kollegin zu sein. Es wird doch ein Mädel geben, das Sie gern haben?

Walter Nein. – Wenigstens habe ich es ihr noch nicht gesagt.

Else Warum sagen Sie es ihr denn nicht?

Walter Daran darf ich noch nicht denken. Ich muß ja auch erst älter sein und soweit kommen, daß ich eine Frau ernähren kann. Es ist die Tochter von einem Professor.

Else Meinen Sie, daß Professorentöchter sich nicht nach einem Liebsten sehnen? Sie müssen sie doch nicht gleich heiraten.

Walter Aber, gnädige Frau! Sie meinen, daß wir einfach so als Verhältnis –

Else Ja natürlich.

Walter Nein, das tue ich nicht. Ich werde das Mädchen doch nicht unglücklich machen.

Else Im Gegenteil. Sie sollen sie glücklich machen.

Walter Ach so. Eine freie Ehe, so wie Sellmanns? – Aber das würde ja gar keinen Unterschied machen, dazu brauchte ich ja auch erst Geld, und die Möglichkeit, ein eigenes Heim zu haben.

Else Das würde in der Tat keinen Unterschied machen. Nein, haben Sie sie doch einfach lieb, wie alle jungen Männer ihre Geliebte haben.

Walter O, gnädige Frau. Ich habe mir fest vorgenommen, vor meiner Verheiratung nie eine Geliebte zu haben. Das Mädchen, das einmal meine Frau sein wird, soll mich ebenso rein finden, wie sie selbst ist.

Else streichelt ihm den Kopf Was sind Sie für ein naiver lieber Junge.

Vogel tritt ins Zimmer So, hier sind die Zigaretten. Hier, mein Kind. *Bietet Else an, die eine nimmt.* Ihnen auch gefällig?

Walter Ich danke sehr, Herr Vogel, ich rauche nicht.

Vogel So jung noch und schon nicht rauchen! Aber ich nehme eine. *Gibt Else Feuer und zündet die eigene Zigarette an.* In der Haustür traf ich Sellmann. Er sah höllisch verknurrt aus. Als ich ihn fragte, wo er hin wollte, gab er kaum Antwort: »Wohnung suchen.« Schon war er um die Ecke.

Else Ja, ja, Alma erzählte, daß ihr der Hauswirt plötzlich gekündigt hat. Sahst du sie?

Vogel Sie ging gerade aus der andern Tür eben und sagte, sie käme gleich herein. Sie war ganz verheult und will sich wohl die Augen waschen. Die müssen einen Mordskrach gehabt haben.

Else Sehen Sie, Herr Walter, so geht's in den besten Ehen zu. – Du, Artur, morgen gehe ich mit Herrn Walter an den Stadtgraben. Wir wollen zusammen skizzieren.

Vogel Recht, Elschen, ganz recht. – Übrigens störe ich hier vielleicht?

Else Ach ja, weißt du. Laß uns ein bißchen allein plaudern.

Vogel All right. Dann gehe ich ins Kaffeehaus hinüber. Ich bitte Alma, mich zu begleiten. Von euch werde ich sie grüßen, nicht? Auf Wiedersehen, lieber Herr Walter. Adieu Elschen. *Gibt beiden die Hand, an der Tür mit dem Finger zu Else drohend.* Katze mit Kind spielend. *Ab*

Else Also, Sie sind entschlossen, vor Ihrer Verheiratung niemals zu lieben. Glauben Sie denn, daß Sie das werden durchführen können?

Walter Bis jetzt ist es mir nicht schwer gefallen, und ich hoffe ja auch, recht bald heiraten zu können.

Else Aber dann werden Sie ja gar keine Erfahrungen haben, wenn die junge Frau mit ihren Anforderungen an Sie herantritt.

Walter Das denke ich mir ja gerade so schön, wenn Mann und Frau zugleich, beide unschuldig, das Geheimnis des Lebens erfahren.

Else Und woher wollen Sie dann wissen, ob Ihre Frau noch ebenso unerfahren ist?

Walter Ich bitte Sie, gnädige Frau. – Ich heirate doch nur ein anständiges Mädchen. Ich sagte doch schon, das Mädchen, das ich verehre, ist die Tochter eines Professors.

Else Ich war Geheimratstochter und hatte schon ein dreijähriges Kind, als mein Mann mich heiratete. Ich glaube nicht, daß meine Anständigkeit darunter gelitten hat, daß ich früh mit ernsten Kämpfen zu tun bekam.

Walter Verzeihen Sie, gnädige Frau. Ich bin Ihnen zu nahe getreten.

Else Nein, keineswegs. Sie werden schon noch begreifen, daß Anständigkeit und Sittlichkeit mit den Beziehungen zwischen den Geschlechtern gar nichts zu tun haben. Hat Herr Rack denn darüber nie mit Ihnen gesprochen? Es soll doch seine Spezialität sein.

Walter Ich kenne ihn erst seit kurzer Zeit durch Herrn Sellmann. Das Thema haben wir noch nie berührt.

Else Sie müssen in uns Frauen Menschen sehen lernen; Menschen, mit dem gleichen Recht, nach eigenem Belieben zu leben, wie ihr Männer es so unbestritten habt. Ihre Bekannten haben doch alle Schätze?

Walter Ja, die meisten.

Else Haben Sie denn keine Achtung vor den Mädchen Ihrer Bekannten?

Walter O doch. Aber wenn man die Leute selbst fragt, ob sie ihren Schwestern auch einen Geliebten gestatten würden, dann werden sie grob.

Else Das müssen nette Gentlemen sein, die vor ihren Geliebten weniger Achtung haben, als vor ihren Schwestern. – Nun, lassen wir diese ernsten Gespräche für unsere gemeinsamen Kunstausflüge. Heute will ich erst mal mehr Persönliches von Ihnen wissen. Wie heißen Sie eigentlich mit Ihrem Vornamen?

Walter Tobias.

Else Tobias, das ist hübsch. Das sind kluge Eltern, die ihren Kindern ungewöhnliche Namen geben. Meine Kleine heißt Anita Janina. – Tobias Walter! Mit dem Namen kommen Sie viel leichter zu etwas, als wenn Sie Fritz oder Emil hießen. Tobias Walter prägt sich ein.

Walter Ich bin auch recht froh über meinen Namen.

Else Tobias! Man bekommt Lust, Sie bloß beim Vornamen zu rufen. Darf ich?

Walter O bitte, gnädige Frau!

Else Dann dürfen Sie mich aber auch nicht mehr gnädige Frau nennen. – Aber auch nicht Frau Vogel, – erst recht nicht.

Walter Wie soll ich Sie denn nennen?

Else Else, einfach Else! *Nimmt seine Hand.* Jetzt sind wir wie Kinder, die miteinander spielen.

Walter Sie haben so eine weiche Hand, gnädige – – Else – –

Else Wie lieb und kindlich Sie sind, Tobias. – Geben Sie mir einen Kuß.

Walter Darf ich?

Else Ja, mein Junge, du darfst. *Sie küßt ihn auf den Mund.*

Walter umarmt sie stürmisch O, wie glücklich ich jetzt bin!

Else sich plötzlich befreiend Verachtest du mich jetzt als Ehebrecherin?
Walter Nein, gewiß nicht. Ich habe dich doch lieb. O, mir geht ja jetzt erst die Welt auf.
Else Nun, dann komm!
Umarmung. Walter nestelt an ihrem Rücken.
Else lächelnd Die Bluse ist vorne geknöpft.

Vorhang

Judas
Arbeiter-Drama in 5 Akten

5. Akt

Nachmittag desselben Tages. Platz vor der Wachsmannschen Fabrik, deren Fassade an der linken Seite der Bühne zum Teil sichtbar ist. Großer Vorhof, um den sich vorn bis etwa zur Hälfte ein auf Zement aufgebautes Eisengitter schließt. Wo die Gitterpforte stehen sollte, hört die Umschließung auf. Die Pforte ist durch zwei vierkantige Steine angedeutet, deren einer frei steht. Vom Hintergrunde links führt eine Straße schräg in den offenen Vorhof hinein; auf beiden Seiten Laternen. Weit hinten sieht man Häuser und Schornsteine. Vorn links führt eine schmale Straße am Gitter vorbei. Im Hintergrund Bäume mit Schneeresten. Rechts hinten eine Hausecke, bei der eine Straße in den Platz mündet, in die der Ausblick durch einen Straßenbahnwagen mit zerbrochenen Scheiben und freihängender Stange verdeckt ist. Die Schienen führen über den Platz. Trambahndrähte sind ausgespannt. Rechts zurückliegend Häuser, vorn ein Wirtshaus, durch eine Traube gekennzeichnet, eine Freitreppe bezeichnet den Eingang. Die Straße links vorn setzt sich nach rechts, vor dem Wirtshaus vorbei, fort. Im Vorhof der Fabrik viele Menschen mit roten Rosetten. Man sieht rote Fahnen und Plakate. Ein Haufen Menschen steht um den Straßenbahnwagen herum. Im Vordergrund etwas links eine Gruppe Arbeiter, darunter Trotz, Dietrich, Färber, Fischer, Braun, Rosa, Rund und ein Trambahnführer.

Braun Ja, lieber Freund, da dürfen Sie sich nicht beklagen, wenn Sie am Streiktag fahren. –

Trotz Und dann noch mitten hinein, wo die Arbeiter sich sammeln!

Trambahnführer Ich konnte doch das nicht wissen, daß man mir gleich den Wagen entzwei schmeißen würde!

Dietrich Ganz recht ist's geschehen. – Wer sich zum Streikbrecher hergibt!

Trambahnführer Es sind doch alle ausgefahren!

Färber Das ist traurig genug!

Trambahnführer Man will doch leben.

Trambahnschaffnerin mit Rosette, drängt sich vor Das ist Quatsch. Ich weiß, wo ich hingehöre an solchem Tag. Da hättest du auch deinen Wagen stehen lassen können.

Dietrich Bravo! – Ja, die Weiber!

Schaffnerin Mein Mann ist drei Jahre draußen und schon zweimal verwundet und jetzt ist er schon wieder in Flandern. Ich hab's satt mit den Kindern!

Trotz Wir sind doch alle Proletarier. Wir gehören doch zusammen.

Trambahnführer Na ja. – Mir kann's ja gleich sein. *Ab in den Hintergrund.*

Schaffnerin So sind sie alle. Bloß daß der Lohn nicht mal einen Tag ausfällt.

Die Umstehenden verlaufen sich. Von rechts vorn treten auf Seebald, Lecharjow und Flora.

Dietrich Ah! Da kommen ja unsere Freunde. –

Lecharjow hält Umschau Es sind noch weniger, als ich geglaubt habe.

Trotz Es macht nichts. Es ist ein Anfang.

Lecharjow Ist auch mehr. Wenn ein Scheintoter rührt den kleinen Finger, sieht man, daß man ihn noch kann erwecken.

Flora Was ist denn mit dem Trambahnwagen?

Färber Die Leute haben ihn angehalten. Die Passagiere mußten heraus, und weil der Führer nicht absteigen wollte, haben sie ihn heruntergeholt und die Scheiben eingeschlagen.

Dietrich Jawohl! Und den Kontakt haben wir ihm ausgehoben. So muß es allen Streikbrechern gemacht werden, diesen Schuften!

Seebald Man soll niemanden zwingen, gegen seinen Willen zu handeln.

Braun Aber wenn er doch mitten durch die Streikenden fährt!

Seebald Gewalt ist nie das richtige Mittel. – Aber was haben Sie denn am Kopf? Sind Sie verwundet?

Braun lacht Ja, da haben die andern Gewalt gebraucht, weil ich Streikposten gestanden hab'.

Flora Aber Rund, Sie sollten sich in Ihrer Uniform doch mehr unter der Menge halten.

Rund Oh, es sind noch eine Menge Soldaten dabei. – Sehen Sie nur.

Rosa Aber meistens bloß Verwundete.

Rund Es macht nichts. Wenn alles gut geht, können Sie mir nicht mehr viel anhaben.

Trotz zu Flora Was ist denn mit Schenk? Er kommt doch?

Flora Natürlich. Er muß jeden Augenblick hier sein. Wir wollten ihn nur ein paar Minuten ausruhen lassen.

Braun Er war heute gar nicht gut beisammen.

Trotz Der arme Kerl. Mit seiner Lunge will's gar nicht ordentlich werden. Seine Arbeit ist auch nichts für ihn. Immer am Setzkasten und den Bleistaub einatmen.

Färber Und dann noch die Aufregungen heute.

Seebald Leider hab' ich sie noch gesteigert. Hoffentlich wird sein Groll nicht anhalten.

Flora abseits zu Trotz Wissen die Leute Bescheid über Klagenfurter?

Trotz Ja. Sie meinen alle, man müßte ihn herausholen.

Flora Das ist gut. *Zurück zu den übrigen.*

Von hinten her tritt auf Laßmann am Arm seiner Frau.

Frau Laßmann Da stehen Sie ja alle.

Dietrich Unser Anführer! – Laßmann, wo hast du die Fahne!

Laßmann Ja! – Gebt her eine rote Fahne! *Tastet um sich.*

Trotz Du bekommst eine, Ernst, wir gehen gleich in den Hof. Es liegt schon eine bereit für dich.

Laßmann Ist Professor Seebald gekommen?

Seebald Ja, Freund Laßmann, ich bin hier. *Faßt seine Hand.*

Laßmann Er ist da, Thilde. Ja, wir beide wollen vorangeh'n, Sie und ich, – und ich werde die Fahne tragen. – Das ist ein

Glückstag heute. Mir ist, als ob ich mein Augenlicht wieder kriegen sollte.

Seebald Man darf nie die Hoffnung aufgeben.

Laßmann Oh, ich bin glücklich! – Es lebe die Freiheit! Es lebe der Friede!

Leute sammeln sich um die Gruppe.

Dietrich Es lebe die Revolution!

Laßmann Und Professor Seebald soll leben!

Ein Arbeiter Seebald ist da, Genossen! – Mathias Seebald! –

Viele Stimmen Hoch Seebald! Hoch! *Viele kommen gelaufen, umdrängen Seebald.* Hoch unser Führer! Hoch!

Seebald Ich danke Ihnen, Freunde, aber auf meine Person kommt es nicht an. Wir müssen für den Frieden arbeiten.

Stimmen Es lebe der Friede! – Nieder mit dem Krieg!

Flora Es ist drei Uhr vorbei. – Die Leute müssen sich aufstellen.

Laßmann Meine Fahne!

Trotz Ja, wir gehen jetzt. Kommen Sie, Mathilde!

Alle ab in den Fabrikshof. Der ganze Platz leert sich dorthin. Große Bewegung im Hof. Von links tritt auf Strauß, der von der Ecke aus die Vorgänge beobachtet. Er bemerkt Tiedtken allein auf dem Platz.

Strauß tritt auf ihn zu Guten Tag, Herr Tiedtken; – auch hier?

Tiedtken Mich überrascht es, Sie hier zu sehen.

Strauß Pflicht! Ich muß doch versuchen, die Leute vor Dummheiten zu bewahren.

Tiedtken Sie halten das Ganze für eine Dummheit?

Strauß Noch schlimmer: Für ein Verbrechen.

Tiedtken Ich meine aber doch, wenn ein Mann wie Professor *Seebald* sich an die Spitze stellt, dann kann es doch wohl nur dem Guten dienen.

Strauß Sie sind ein harmloser Mensch, Herr Tiedtken. Sie leben in Ihrer Welt der Schönheit und der Kunst. Da gehen Ihnen die schönen Worte Seebalds wie Honig ein. Ich sage Ihnen! Der Mann ist ein höchst gefährlicher Intrigant.

Tiedtken Sie kennen ihn doch wohl nicht. Er hat wirklich ein Herz für die Arbeiter.

Strauß Nicht wahr? Und wir sind die Verräter am Proletariat!

Tiedtken Ich muß Ihnen ehrlich gestehen, der Aufruf von Partei und Gewerkschaften auf demselben Blatt wie die Drohungen des Generals Lychenheim hat mir sehr mißfallen.

Strauß Wir mußten es den Arbeitern ganz deutlich machen, daß sie bei diesem frevelhaften Spiel auf ihre Organisationen nicht im geringsten rechnen können.

Tiedtken Soweit ich die Arbeiter gehört habe, waren sie aber äußerst ungehalten.

Strauß Wieviel Arbeiter haben Sie denn im ganzen gesprochen? – Und ich kenne ja die Sorte, mit der Sie Fühlung haben. Ich weiß, welche Fäden Sie überhaupt nur mit Proletariern verbinden.

Tiedtken Ach, was Sie meinen, trifft nicht mehr zu. Diese Fäden habe ich zerrissen.

Strauß Das war gescheit. Sie sollten aber auch den Verkehr mit Seebald aufgeben. Das ist ein ausgemachter Scharlatan.

Tiedtken Aber ich bitte Sie, Herr Strauß. – Eine Persönlichkeit von solchem Ansehen!

Strauß Was wissen denn Sie? Wen hat er denn hinter sich? Ein paar leichtgläubige Literaten, – nehmen Sie mir die Offenheit nicht übel; ein paar unbefriedigte Hysterikerinnen und ein paar nervös gewordene Arbeiter. Und jeder verehrt ihn für was anderes: Ihr Ästheten für seine transzendentale Philosophasterei; – die alten Schachteln, weil er mit seinem mystischen Augenverdrehen ihre Geilheit kitzelt, und die Wirrköpfe von Arbeitern wegen seiner anarchistelnden Anführer-Allüren.

Tiedtken Aber jeder Mensch rühmt doch seinen Idealismus.

Strauß Glauben Sie? – Ich wünschte nur, Sie könnten mal die Soldaten über ihn reden hören.

Tiedtken Sie meinen wohl die Offiziere?

Strauß Nein – die Soldaten. Die wissen ganz genau, daß jetzt alles darauf ankommt, die letzten Kräfte zusammenzunehmen – und durch! Wissen Sie, die haben den Krieg bis zum Halse, und wenn ihnen jetzt einer dazwischen kommt, gerade wo es dem Abschluß zugeht, und predigt ihnen Passivität, Desertion, Feindesliebe, kurzum lauter Dinge, die zu Rückschlägen führen und dadurch den Krieg ins Grenzenlose verlängern, da geht Ihnen die Galle hoch. Das kann ich Ihnen sagen.

Tiedtken Die meisten glauben aber doch nicht mehr an den Sieg.

Strauß Einige, die von diesen Phrasenhelden benebelt sind. Aber die andern – die große Mehrzahl! Mein Lieber, zu uns kommen sie doch, zu uns haben sie Vertrauen. Da hab ich mehr als einmal gehört: Wenn wir den Kerl, den Seebald mal unter die Fäuste kriegen, – der kommt uns nicht heil wieder heraus!

Von rechts tritt Schenk auf, bemerkt die beiden, bleibt stehen.

Tiedtken Nein –, das hätte ich aber nicht gedacht.

Strauß Ja, schimpfen auf die Arbeiterführer ist leicht. Aber unsereiner, der von jung auf die Kleinarbeit gemacht hat in der Partei, der die Organisation mit hat aufbauen helfen von ihren kümmerlichen Anfängen an, – der kennt das Proletariat der weiß, wo es der Schuh drückt. Das dürfen Sie glauben. Wir haben die Erfahrung. Wir wissen auch jetzt, wie wir das Volk am heilsten durch diese verworrene Zeit bringen. – Realpolitik, mein Verehrter, – darauf kommt es an; nicht auf Redensarten und solche Lächerlichkeiten wie das da! – Kommen Sie mit? Ich möchte ein bißchen herumhören.

Tiedtken Wollen wir gleich zur Fabrik hinein?

Strauß Ich werde mich hüten. Nein, der Moment kommt noch.

Faßt Tiedtken unter. Beide ab in den Hintergrund. Schenk kommt langsam vor, geht am Wirtshaus vorbei. Aus dem Wirtshaus tritt Tessendorff, unauffällig gekleidet.

Tessendorff Herr Schenk!

Schenk dreht sich um Ach so, Sie sind es.

Tessendorff Lassen Sie uns hier vortreten, da sieht man uns nicht. *Sie stehen vor der Freitreppe, die sie deckt.* Seebald ist hier!

Schenk Ich weiß.

Tessendorff Ja, was meinen Sie denn nun?

Schenk Was soll denn ich dazu noch meinen?

Tessendorff Keine Umstände bitte. Punkt 3 Uhr rückt das Militär an. Die Verhaftungen werden von Soldaten vorgenommen.

Schenk Was für Verhaftungen?

Tessendorff Na, Seebald – und was weiß ich!

Schenk Sie hatten mir zugesagt, daß außer ihm niemand festgenommen werden soll.

Tessendorff Sie hatten sich selbst auch eventuell zur Verfügung gestellt. Den geeigneten Moment gegen Seebald müssen Sie kenntlich machen.

Schenk Ich? Wie komme ich denn dazu? – Die saubere Arbeit machen Sie gefälligst allein!

Tessendorff Herr Schenk, ich habe eine Quittung von Ihnen bei mir.

Schenk Und da meinen Sie, Sie haben mich jetzt in der Hand? Sie können das Geld wieder haben, Herr Polizeirat!

Tessendorff Die Polizei macht abgeschlossene Geschäfte nicht rückgängig. Übrigens waren Sie doch heute früh selbst noch der Meinung, daß wir im Falle der Anwesenheit Seebalds einen neuen Plan verabreden müssen. Wollen Sie jetzt, daß er die Leute heimschickt? Es ist doch wohl keine Frage, in welchem Sinne er sprechen wird. Er wird abwiegeln.

Schenk Das ist gar nicht sicher.

Tessendorff Das müssen Sie eben vorher herausbekommen. Wenn er selbst zum Vorgehen ausruft, um so besser! Dann brauchen wir ihn gar nicht festzunehmen. Dann könnten wir mit seiner Verhaftung nur schaden. Sie müssen deshalb vorher mit ihm sprechen und mir, wenn er bremsen will, ein Zeichen machen.

Schenk Was für ein Zeichen denn?

Tessendorff Irgend eins. – Sie könnten ihm z. B. die Hand auf die Schulter legen.

Schenk Ich könnte ihm ja auch gleich einen Kuß geben.

Tessendorff Wenn Sie das lieber wollen.

Schenk Nein, nein! – Es fiel mir nur so ein, vergleichsweise. Also gut, ich werde ihm die Hand auf die Schulter legen.

Tessendorff In dem Augenblick schicke ich Soldaten vor zu

seiner Festnahme. Und dann können Sie ja Ihre Freunde zu Hilfe rufen.

Schenk Daran soll es nicht fehlen.

Tessendorff Ich kann mich also auf Sie verlassen.

Schenk Aber bilden Sie sich bitte nicht ein, daß ich jetzt einer der Ihrigen bin.

Tessendorff Auf Ihre Sympathie legt die Polizei keinen Wert. – Aber ich möchte Sie noch auf eins aufmerksam machen: Handeln Sie gegen die Abrede, das heißt, bekommen Sie selbst Angst vor Ihrer Courage, oder wie man das so nennt – Gewissensbisse –

Schenk Bitte bemühen Sie sich nicht um meine Seele.

Tessendorff Nicht im mindesten. Ich will Ihnen nur sagen; es kommt genügend Militär um den ganzen Platz zu umstellen. Es ist beabsichtigt, nur Handwaffen zu gebrauchen. Gehen die Dinge aber nicht nach Wunsch, so sind für alle Fälle auch Maschinengewehre dabei und für den äußersten Fall Flammenwerfer. Was dann noch mit dem Leben davon kommt, wird eingesperrt. Sie wissen jetzt Bescheid.

Schenk Es ist gut.

Tessendorff ab in die Straße hinten rechts. Schenk geht quer über den Platz auf die Fabrik zu. Eine Anzahl Arbeiter kommen ihm entgegen, darunter Marie Klagenfurter.

Marie Ich hab's ja erst vor einer Stunde erfahren. Mein Gott, wenn sie ihn nur nicht erschießen!

Schenk Sie sind es, Marie!

Marie Gott sei Dank, Schenk! – Sie wissen, daß sie Stefan gefangen haben?

Schenk Ja, seien Sie nur ganz ruhig. Wir holen ihn heraus.

Arbeiter Jawohl. Wir ziehen zum Militärarrest. – Klagenfurter muß frei werden! *Es sammeln sich mehr um die Gruppe.*

Marie Meinen Sie nicht, daß ihm dabei etwas passieren kann?

Schenk Unsinn. – Nur Ruhe! – Gehen Sie heim und regen Sie sich nicht unnötig auf.

Flora tritt vor Raffael, endlich! – Was steht ihr hier herum. Es ist höchste Zeit!

Marie verläuft sich mit vielen andern.

Schenk Wo ist Seebald?

Flora Ich habe ihn eben noch gesehen. – Wie fühlst du dich?

Schenk Danke, ich bin ganz frisch.

Flora Was hältst du davon, daß keine Polizei da ist?

Schenk sieht nach der Uhr Es wird gleich Militär kommen.

Flora Wieso denkst du?

Schenk Punkt ½4 Uhr wird anmarschiert. Sie können jeden Augenblick hier sein.

Flora Aber woher willst du denn wissen?

Schenk Ich weiß es eben.

Flora sieht ihn scharf an Raffael! – Das ist mir unheimlich.

Man hört eine Uhr zweimal anschlagen. Aus den Bäumen heraus laufen Arbeiter über den Platz.

Arbeiter Militär kommt! – Militär!!

Großer Aufruhr. Aus dem Fabrikhof strömen Arbeiter heraus. Seebald, Lecharjow, Dietrich, Trotz werden sichtbar. Laßmann, von seiner Frau geführt, trägt eine rote Fahne.

Laßmann Mir nach, Genossen! *Niemand kümmert sich um ihn.* Mir nach! *Wird abseits gedrängt.*

Dietrich Vorwärts, Genossen! Werft den Trambahnwagen um!

Viele Den Trambahnwagen! – Barrikaden!

Lecharjow Sie sind nicht bei Trost! Was wollen Sie bauen Barrikaden, wenn Sie keine Waffen haben!

Seebald Ich werde den Soldaten entgegen gehen, – mit ihnen sprechen.

Schenk Nein, Professor! – Lassen Sie die Leute!

Eine Menge Arbeiter stürzen auf den Trambahnwagen zu, versuchen ihn aus dem Geleise zu heben. Man hört die Tritte anmarschierender Soldaten aus der Straße hinten rechts. Ein Leutnant tritt beim Trambahnwagen vor. Hinter ihm taucht Tessendorff auf.

Leutnant Zu–rück!!

Die Masse flüchtet in den Fabrikhof. Wenige stehen vor dem Gitter, darunter Seebald, Lecharjow, Schenk, Flora, Trotz, Dietrich, Soldaten nehmen, Gewehr bei Fuß, Aufstellung vor der

Häuserreihe. Rechts, hinter dem Straßenbahnwagen sieht man zahllose Helme. Der Leutnant, neben ihm Tessendorff, stehen vor dem Wagen.

Trotz geht auf die Soldaten zu Ihr werdet doch nicht auf eure Volksgenossen schießen!

Unteroffizier Weg da! – Hier wird nicht verhandelt!

Flora Wollt ihr Wehrlose angreifen!

Soldaten Halt's Maul, Drecksau!

Schenk zieht Seebald beiseite Jetzt muß es gewagt werden.

Seebald Was! Sie wollen die Menge gegen diese Horde treiben?

Schenk Nein – Sie müssen es tun. Das wird Eindruck machen!

Seebald Niemals! *Schenk redet weiter auf ihn ein, werden von anderen verdeckt.*

Dietrich springt auf den Stein am Eingang, zu den im Hof Versammelten Genossen! Sie haben es gewagt, Soldaten gegen die unbewaffnete Arbeiterschaft loszulassen!

Rufe Pfui! – Nieder!

Dietrich Aber sie werden es nicht wagen auf uns zu schießen, wenn die roten Fahnen uns voranwehen. Denkt an den Genossen Klagenfurter! – Wollt ihr ihn den Klauen der Militärbestie lassen?

Rufe Nein! Nein! – Klagenfurter muß heraus!

Flora tritt neben Dietrich Zum Zeughaus, Genossen! – Wir müssen Waffen haben!

Rufe Zum Zeughaus! – Zum Zeughaus!

Die Menge drängt ungeordnet vor und steht jetzt zum Teil mitten auf dem Platz, den Soldaten gegenüber. In der Mitte vorn Schenk und Seebald.

Schenk zieht einen Revolver aus der Tasche Sie sehen doch, Sie können die Menge doch nicht mehr halten. – Nehmen Sie! Gehen Sie voran!

Seebald Behalten Sie Ihre Waffe! – Ich trage keine Waffen!

Schenk Ich beschwöre Sie, Mathias Seebald! *Legt ihm die Hand auf die Schulter.*

Seebald Nein! Unter keinen Bedingungen!

Tessendorff mit 6–8 Soldaten auf Seebald zu Hier. Das ist er! –

Der hat alles verschuldet. Das ist Professor Seebald. Ich erkläre Sie für verhaftet. *Zeigt seinen Ausweis. Soldaten packen Seebald, stoßen ihn mit dem Kolben zurück gegen die Mitte.*

Seebald zu Schenk Raffael! Raffael! – Das hätten Sie nicht tun sollen!

Schenk Hierher! Hierher!! – Sie schleppen Seebald fort!!

Dietrich Befreit ihn! – Befreit Seebald!!

Man hört Kommandorufe. Die Soldaten legen die Gewehre an. Die Menge weicht langsam.

Dietrich Angefaßt, wer kein Feigling ist! *Faßt Seebald an, versucht ihn herauszuzerren.*

Leutnant Feuer!

Salve. Die Menge stiebt in wilder Flucht auseinander, die meisten in den Fabrikhof, viele zwischen die Bäume und in den Hintergrund. Die Soldaten schießen weiter. Dietrich fällt. Man sieht Fliehende stürzen. Flora sinkt vorn am Gitter um. Vom Hintergrund kommt Strauß, ein weißes Tuch schwenkend. Das Feuern hört auf.

Strauß Es ist genug! Nicht mehr schießen!

Aus dem Kreis der Soldaten wird Seebald wieder vorgestoßen. Die Leiche Dietrichs liegt vorn rechts. Trotz und Fischer treten an Sie heran, Schenk schwankt allein ganz fassungslos umher.

Trotz nimmt den Hut ab, ebenso Fischer Dietrich! – Er ist für seine Sache gestorben. – Warum hat's mich Alten nicht treffen können? – Er sieht in den Himmel, als begriffe er es noch gar nicht, daß wir verloren haben.

Fischer Ich will ihm die Augen zumachen. *Tut es.*

Strauß hat inzwischen mit dem Leutnant verhandelt Lassen Sie mich mal vorbei! – Ich muß reden!

Trotz Ist der auch noch hier?

Strauß steigt auf den Stein Genossen! Ihr braucht keine Furcht mehr zu haben. Ich habe dafür gesorgt, daß nicht mehr geschossen wird. Die Schuldigen werden natürlich zur Verantwortung gezogen. Ihr Übrigen wart verhetzt. Die Partei wird veranlassen, daß niemand gemaßregelt wird, der morgen die Arbeit wieder aufnimmt. Geht jetzt in Ruhe nach Hause. Ihr habt jetzt gesehen, daß das nicht das richtige Mittel ist, den Krieg zu beenden. Noch kurze Zeit durchhalten – und Vertrauen zu euern Führern! Dann wird bald Friede sein.

Die Arbeiter zerstreuen sich langsam. Ein paar Fahnen lehnen am Gitter, andere liegen am Boden. Im Vordergrund links machen sich einige, darunter Rosa und Braun, um die verwundete Flora zu schaffen. Trotz und Fischer treten zu ihnen. Lecharjow steht mit verschränkten Armen am Gitter daneben. Seebald, in der Mitte des Platzes, wird von Soldaten beschimpft und bedroht, Schenk in der Mitte allein.

Strauß geht auf Seebald zu Das ist Ihr eigenes Werk, Herr Professor Seebald!

Seebald Darüber wollen wir nicht rechten.

Tessendorff geht mit einigen Soldaten umher, weist auf verschiedene Personen, die verhaftet in die Mitte des Platzes geführt werden. Es steht schon ein ganzer Zug beieinander, man bemerkt viele Verwundete und Soldaten, auch Rund unter ihnen.

Schenk schaut geistesabwesend um sich, schrickt plötzlich auf, stürzt auf Flora zu Flora! – Was ist dir?

Flora schwach Es wird wohl aus sein!

Schenk sinkt bei ihr nieder Flora! – Meine – –

Strauß zu den Soldaten Da, – den Rothaarigen, das ist einer der Hauptthetzer, den nehmt fest!

Tessendorff Halt! Herrn Schenk geschieht nichts. – Der steht im Dienste der Polizei.

Schenk Das ist nicht wahr!

Tessendorff Soll ich die Quittung vorzeigen?

Trotz weicht entsetzt zurück Aber das – kann doch nicht möglich sein?

Schenk beugt sich schluchzend über Flora Flora – verstehst du mich?

Flora Ich mag dich nicht verstehen. Warum hast du kein Vertrauen zu mir gehabt? *Sie wird ohnmächtig.*

Rosa Kommt denn kein Arzt? – Wir können sie doch nicht so hier liegen lassen.

Tessendorff Da, den Alten nehmt mit und den mit dem verbundenen Kopf, und das Frauenzimmer da.

Trotz, Braun und Rosa werden abgeführt.

Schenk Halt! Sie haben mir versprochen, keiner wird verhaftet.

Tessendorff An solche Pakte fühlt sich die Polizei nicht gebunden. Nur schriftliche Abmachungen gelten.

Trotz Wir brauchen deine Fürsprache nicht. Schäm dich, wenn du es noch kannst.

Fischer Judas!

Alle machen Schenk mit Zeichen des Ekels und Abscheus Platz, der nach rechts schwankt. Vom Hintergrund kommen Sanitäter mit Tragbahren. Man sieht Soldaten mit Bajonett noch einzelne Gruppen vertreiben.

Laßmann kommt am Arme seiner Frau von hinten rechts zum Vordergrunde Sag doch, Thilde – sind viele tot?

Frau Laßmann Ich weiß doch auch nichts. Komm nur, komm! – Ach es ist schrecklich. – Und morgen auch noch die Wohnung.

Schenk holt sie vor dem Wirtshaus ein, winkt ihr, zu schweigen Hier nehmen Sie, Frau Laßmann, für den Hausherrn und für die nächste Zeit. *Holt die Brieftasche heraus, gibt ihr das Geld.*

Frau Laßmann Ja, aber nein – soviel Geld. *Schenk legt die Hand auf den Mund. Laßmann nach rechts vorn ab.*

Schenk lacht auf Die dreißig Silberlinge! *Er kommt an die Soldatengruppe, in deren Mitte Seebald steht.*

Soldaten Schlagt ihm doch gleich den Schädel ein, dem Volksverräter.

Seebald Ich bin kein Verräter. *Er erhält Kolbenstöße und stolpert.*

Schenk Schlagt ihn nicht: – Nehmt mich für ihn! – Er ist der Edelste und Beste!

Soldaten Was will der Kerl? – Ach, das ist der, der seine eigenen Kameraden verraten hat. *Gelächter und Gejohle.*

Schenk Mathias Seebald! – Verzeihen Sie mir!

Seebald Sie haben es anders gewollt – ich weiß es, Raffael.

Er wird unter Geschrei nach rechts gestoßen. Man sieht ihn unter einem Gewehrkolbenstoß stürzen. Er wird fortgeschleift.

Unteroffizier zu den Gefangenen in der Mitte des Platzes Hände hoch!

Sie gehen mit erhobenen Händen nach rechts hinten ab. Schenk sieht zu, wie Dietrichs Leiche auf eine Bahre gelegt und weggetragen wird. Er steht vor der Freitreppe des Wirtshauses und sieht, wie Sanitäter auch bei Flora eine Tragbahre niederstellen. Nur dort stehen noch Menschen. Weiter zurück sieht man noch Tote liegen. Schenk zieht seinen Revolver aus der Tasche, geht dann nach rechts vorn ab. Unmittelbar darauf fällt ein Schuß.

Flora kommt wieder zur Besinnung Raffael! – Ist Raffael nicht da?

Lecharjow Er wird wiederkommen vielleicht.

Tiedtken von rechts außer Atem; Flora ist durch die Umstehenden vor ihm verdeckt Es ist schrecklich! Schrecklich!

Färber Was ist geschehen?

Tiedtken Professor Seebald ist erschlagen worden von den Soldaten, – und Schenk hat sich gleich da vorn erschossen.

Flora Er ist tot? – Raffael! – Ich hätte ihn so gerne noch einmal geküßt!

Tiedtken Flora! – Du?! –

Flora Geh fort! Geh! – Was hast du mit meinem Tod zu schaffen!

Lecharjow Gehen Sie! – Sie will Sie nicht ansehen, jetzt!

Tiedtken tritt zurück.

Dr. Karfunkelstein tritt von links vorn auf, Notizbuch in der Hand, zu Lecharjow Entschuldigen Sie bitte! Kann ich mich an Sie wenden um Auskunft?

Lecharjow Schweigen Sie, Mann!

Flora richtet sich auf Verliert den Glauben nicht. – Die Revolution kommt. Der Kommunismus – – *Stirbt.*

Lecharjow Sie ist hinüber.

Dr. Karfunkelstein Ja, kann mir niemand Auskunft geben?

Färber Donnerwetter, was wollen Sie denn von uns?

Dr. Karfunkelstein Mein Name ist Dr. Karfunkelstein. Ich bin

Korrespondent der Berliner Morgenzeitung. Ich muß den Bericht noch vor sechs hinübergeben. Sonst kommt er nicht mehr rechtzeitig ins Blatt.

Lecharjow Sie wollen hören von uns, was geschehen ist?

Dr. Karfunkelstein Ja, ich wäre für recht genaue Details sehr dankbar.

Lecharjow Gut. Schreiben Sie! – Das deutsche Proletariat hat vergossen das erste Blut für den Sieg von Frieden und Freiheit. – Es hat beschritten den Passionsweg der sozialen Revolution und hat besiegelt mit seinem Blut das Bündnis mit seinen kämpfenden Brüdern in Rußland.

Vorhang

Staatsraison
Ein Denkmal für Sacco und Vanzetti in 14 Bildern.

3. Bild

16. Mai 1920. Szene wie im 1. Bild. Katzmann, Polizeikommissar, Stenotypistin.

Katzmann Alles in allem, Richter Thayer, wir haben einen großartigen Fang gemacht.

Thayer Sind Belastungszeugen gefunden?

Katzmann Einige sagen schon recht gut aus. Mit der Mehrzahl werden wir freilich nicht viel Glück haben. Wieviel Zeugen habt ihr bei der Polizei vernommen?

Kommissar Die Vernehmungen werden andauernd fortgesetzt. Wir haben 160 Personen vornotiert. Die meisten sagen für Sacco und Vanzetti günstig aus. Die werden vom Polizeichef gewöhnlich gleich fortgeschickt. Ich habe einen Auszug aus den Aussagen mitgebracht.

Thayer Geben Sie mal her. *Nimmt das Papier.* Die Beschuldigten sind an Ort und Stelle?

Kommissar Jawohl. Von den Zeugen ist nur der Portier Levangie herbestellt. Er wartet draußen.

Thayer Nannten Sie den Namen nicht neulich schon?

Katzmann Das ist der Mann, der einen der Mörder als blond und schmächtig beschrieben hatte.

Thayer Sieht denn einer der Verhafteten so aus?

Katzmann Nicht entfernt. Aber der Zeuge hatte vorher erklärt, daß er überhaupt keinen der Beteiligten gesehen hätte.

Thayer Und jetzt identifiziert er die Täter? Den Mann können wir brauchen. – Was hat die Polizei sonst noch unternommen, um die Wahrheit festzustellen?

Kommissar Wir versorgen die Zeitungen täglich mit Alarmnachrichten über die revolutionäre Bewegung und bereiten so die Stimmung vor für den Fall, daß Sacco und Vanzetti in der Sache von South Braintree angeklagt werden.

Thayer Gut. Die Sache muß unter allen Umständen zum gewünschten Abschluß gebracht werden.

Katzmann Ich bin dabei, Material gegen die beiden auch im Zusammenhang mit dem Überfall von Bridgewater herbeizuschaffen.

Thayer Und kommen Sie vorwärts damit?

Katzmann Ich hoffe bestimmt, daß wenigstens einer von ihnen deswegen vor die Geschworenen zu bringen sein wird.

Thayer Auf welchen sehen Sie es ab?

Katzmann Wir werden ja beide gleich vor uns sehen. Danach können wir uns schlüssig werden.

Thayer Sind die Beschuldigten streng isoliert?

Kommissar Wir haben sie vorläufig in die Stahlkäfige des Polizeigefängnisses gesetzt.

Katzmann Sie haben noch keine Ahnung, daß sie unter Mordverdacht stehen.

Thayer Wurde in politischer Hinsicht Belastungsmaterial bei ihnen gefunden?

Katzmann Beide trugen Revolver bei sich und Sacco hatte in der Tasche einen Aufruf für eine Versammlung, die am 9. Mai in der Clark Hall hätte stattfinden sollen. Vanzetti hatte ihn geschrieben. Es sollte eine Protestkundgebung gegen Salsedos Tod werden.

Thayer Das hätte den Schuften gefallen. Na, ich werde mir den Vorsitz in dem Prozeß rechtzeitig sichern. Es muß ein Exempel statuiert werden, und wir müssen diesen Hetzern einen Denkzettel geben, der den Staaten für lange Zeit Ruhe vor den ausländischen Schädlingen verschaffen wird.

Katzmann Bisher konnten wir sie immer nur für Bombenwürfe oder Gewalttaten verantwortlich machen, die ihnen, auch wenn sie sie begangen hätten, bei ihresgleichen hier und in Europa keine Sympathien kosten konnten, da es immerhin politische Taten sind. Überführen wir aber jetzt zwei angesehene Agitatoren gemeiner Banditenverbrechen, dann kompromittieren wir die ganze Bewegung moralisch aufs allerschwerste.

Thayer Das wird sehr nützlich sein. – Wir wollen aber jetzt mit den Verhandlungen beginnen. Rufen Sie zuerst den Zeugen.

Kommissar öffnet die Tür Mister Levangie bitte!

Portier Michael Levangie tritt ein.

Thayer Befragen Sie den Zeugen, Staatsanwalt Katzmann. Ich möchte nur einen Eindruck gewinnen und inzwischen die Akten einsehen.

Katzmann Sie heißen Michael Levangie und sind Portier in der Schuhfabrik Rice und Hutchins. Sie haben den Überfall auf den Kassierer Parmenter und den Wächter Berardelli auf der Pearl Street in South Braintree als Augenzeuge mit angesehen, nicht war?

Levangie Ja – das heißt –

Katzmann Gewiß, Sie haben nicht jede Einzelheit beobachten können, doch aber wohl den Insassen des Autos, mit dem dann die Mörder abfuhren, genau genug betrachtet, um ihn mit Sicherheit wiederzuerkennen, – ja?

Levangie Ich denke wenigstens –

Katzmann Sie wollen sagen, daß die Erinnerung manchmal täuschen kann. Doch ist das in der Regel nur unmittelbar nach einem aufregenden Vorfall so. Es braucht Sie deshalb nicht im geringsten befangen zu machen, daß Sie zuerst, ein paar Minuten nach der Schießerei, Ihrem Bekannten, Henry McCarthey gesagt haben, Sie hätten keinen von den Banditen zu sehen bekommen. Vielleicht wollten Sie sich damit nur die Unannehmlichkeit ersparen, überhaupt als Zeuge befragt zu werden. Ist es nicht so?

Levangie Es kann vielleicht so sein.

Katzmann Bei Ihrer Vernehmung vor der Polizei haben Sie dann angegeben, der Mann neben dem Führer des Autos sei blond und von schmächtigem Wuchs gewesen.

Levangie: Allerdings – jedoch –

Katzmann Aber beunruhigen Sie sich doch nicht, Mister Levangie! Wir haben volles Verständnis dafür, daß sich Ihnen das Gedächtnisbild erst klären mußte. Heute wissen Sie, daß Sie sich damals geirrt haben, und daß der Bandit einen starken, dunkeln Schnurrbart hatte. Sie erkennen ihn auf dieser Photographie unzweifelhaft wieder, nicht? *Zeigt das Bild Vanzettis.*

Levangie Ja, mir ist so, als ob ich den gesehen hätte.

Katzmann Natürlich – den haben Sie gesehen. Er wird gleich hier ins Zimmer geführt werden. Prägen Sie sich dabei sein Gesicht noch einmal scharf ein. Sie werden uns vor Gericht ein wichtiger und wertvoller Zeuge sein und Ihrem Vaterland mit der Überführung eines höchst gefährlichen Schwerverbrechers einen überaus dankenswerten Dienst leisten.

Levangie Das soll mir eine große Ehre sein.

Katzmann Sehr gut. Fräulein schreiben Sie bitte: Ich, Michael Levangie, Portier, erkläre hiermit an Eides Statt, auf Grund reiflicher Überlegung und nach bestem Gewissen, daß ich in dem mir vorgelegten Lichtbild des Fischhändlers Bartholomeo Vanzetti mit voller Bestimmtheit den Mann wiedererkenne, welcher bei der Mordtat in South Braintree auf der Pearl Street neben dem Chauffeur im Auto saß. – So. Nun schreiben Sie ihren Namen darunter, Gentleman.

Levangie unterschreibt.

Katzmann Warten Sie jetzt, bis der Beschuldigte das Zimmer betritt. Sehen Sie ihn genau an und prägen Sie sich seine Züge ein. Sie werden vor den Geschworenen Gelegenheit erhalten, die hier abgegebene Versicherung unter Eid zu bekräftigen. – Lassen Sie Vanzetti hereinführen, Kommissar.

Kommissar öffnet die Tür Der Untersuchungsgefangene Italiener Bartholomeo Vanzetti soll gebracht werden.

Thayer Sie sind ein wackerer Mann, Mister Levangie.

Vanzetti tritt ein, zwischen zwei Polizisten. Levangie läßt ihn an sich vorübergehen, faßt ihn fest ins Auge und geht hinaus.

Thayer Sie sind der Anarchist Vanzetti?

Vanzetti Der bin ich und bleibe ich. Und wer sind Sie?

Thayer Ich bin der Richter Webster Thayer, vor dem Sie sich zu verantworten haben werden.

Vanzetti Was wünschen Sie von mir?

Thayer Staatsanwalt Frederic G. Katzmann wird Sie in meiner

Gegenwart vernehmen, damit ich erkenne, mit was für einem Menschen ich es zu tun habe.

Vanzetti Zuerst möchte ich fragen, weswegen ich eigentlich gefangen gehalten werde und in die Rolle eines Angeklagten versetzt werden soll.

Katzmann O, das werden Sie schon selber wissen.

Vanzetti Ich weiß nur, daß ich seit 11 Tagen wie ein Verbrecher behandelt werde, ohne daß man mir oder meinem Verteidiger bis jetzt eine Erklärung dafür gegeben hätte.

Katzmann Sie bezeichnen sich doch selber als Anarchist.

Vanzetti Das bin ich. Nach der Verfassung der Vereinigten Staaten steht es jedem Einwohner dieses Landes frei, die Gesinnung zu haben, die ihm richtig scheint, selbst wenn es eine Gesinnung ist, die sogar in diesem Lande für die arbeitenden Menschen Freiheit und Gerechtigkeit erstrebt.

Thayer Ihr Glaubensbekenntnis geht uns nichts an. Sie sollen nicht Ihrer sogenannten Gesinnung wegen zur Verantwortung gezogen werden, sondern wegen gesetzwidriger Handlungen, in denen sie sich geäußert hat.

Vanzetti Die wären?

Katzmann Es ist eine geladene Schußwaffe bei Ihnen gefunden worden, ein 38-kalibriger Harrington- und Richardsonrevolver, ferner vier Patronenhülsen. Was haben Sie damit beabsichtigt?

Vanzetti Darüber habe ich der Polizei alle notwendigen Erklärungen gegeben. Sie wollen mir doch nicht weismachen, daß Sie mich allein um dieser Bagatelle willen inkriminieren? Merkwürdig: die Polizei will fortwährend politische Bekenntnisse von mir haben, nach denen zu fragen ihr verboten ist, und Sie leiten eine feierliche Voruntersuchung ein, weil ein Händler, der oft weite Wege mit größeren Geldbeträgen in der Tasche zurücklegen muß, in diesen unsicheren Gebieten einen noch nie benutzten Revolver bei sich trägt, und dazu 4 leere Patronenhülsen für ein Jagdgewehr.

Katzmann Es ist immerhin verdächtig, wenn ein Mann, angeblich zu seiner Verteidigung, Waffen trägt, der sich dem Verlangen, zur Verteidigung des Staates die Waffen zu nehmen, entzogen hat.

Vanzetti Das habe ich getan, weil ich Gegner des Krieges bin und weil ich dem Staat nicht das Recht zuerkenne, zum Nutzen des Kapitals das Leben der Arbeiter zu fordern, die ohnedies die Opfer des Kapitals sind.

Katzmann Ferner haben Sie sich falscher Aussagen schuldig gemacht, indem Sie vor der Polizei die Bekanntschaft mit anderen italienischen Radikalen bestritten, die Ihnen inzwischen nachgewiesen ist.

Vanzetti Bei Ermittlungen, die auf Kosten anderer gehen, bin ich Ihnen allerdings nicht behilflich. Ihr Geschäft, Haussuchungen, Verhaftungen und Deportationen vorzunehmen, wird Ihnen ein Revolutionär nicht freiwillig erleichtern.

Katzmann Sie haben auch, wie sich herausgestellt hat, über Ihren Aufenthalt und Ihre Wege an dem Tage, an dem Sie verhaftet wurden, irreführende Angaben gemacht.

Vanzetti So sagen Sie doch gerade heraus, daß Sie mich wegen meiner radikalen Anschauungen und wegen meiner Bemühungen um Andrea Salsedo verhaften ließen und mich, da ich ebenso wie Sacco, nicht als Ausländer registriert bin, ausweisen wollen.

Katzmann Ihre Ausflüchte bei der Befragung nach Ihrer Tätigkeit am Tage der Verhaftung erwecken das Interesse der Behörden, zu erfahren, wo Sie sich an gewissen anderen Tagen aufgehalten haben.

Vanzetti Was für Tage sollen das sein?

Katzmann Wo befanden Sie sich am 15. April dieses Jahres?

Vanzetti Heut ist der 16. Mai – das ist einen vollen Monat her. Hab ich denn an dem Tage nicht in Plymouth Fische verkauft wie sonst gewöhnlich auch?

Katzmann Das wollte ich von Ihnen wissen. Weiter: wo hielten Sie sich am 24. Dezember 1919 auf?

Vanzetti Bin ich denn ein Gedächtniskünstler? Wenn Sie mir sagen, was sich an diesen Tagen etwa Besonderes ereignet hat, was mich angehen könnte, besinne ich mich vielleicht.

Thayer Ich denke, Mister Katzmann, es genügt. Wir können den Mann wieder abführen lassen.

Vanzetti Und wann werde ich erfahren, warum Sie mich eigentlich in Haft halten?

Katzmann Früh genug, Mister Vanzetti! Kommissar, bitte lassen Sie Sacco bringen.

Vanzetti wird hinausgeführt. Sacco zwischen zwei Polizisten tritt ein.

Sacco beim Vortreten Ich wünsche endlich zu erfahren, worauf die ganze Komödie hinaus will.

Thayer Ich ermahne Sie ernstlich, Ihre Mißachtung gegen die Autorität des Staates für sich zu behalten. Hier wird keine Komödie gespielt, sondern Gerechtigkeit geübt.

Sacco Jawohl, unter Mißbrauch von Paragraphen das Menschenrecht gebeugt.

Katzmann Ich habe Sie zu vernehmen. Sie heißen Nicola Sacco und sind in Stoughton ansässig.

Sacco Ja, ja, außerdem Italiener, Proletarier, Kriegsdienstverweigerer, Revolutionär, Anarchist und von Ihrer Gerechtigkeit grundlos der Freiheit beraubt.

Thayer Niemand wird in Amerika grundlos in Haft genommen.

Sacco Aber manchmal ist die Verhaftung nicht die Folge von Gründen, sondern die Ursache. Haben Sie für meine Verhaftung schon Gründe gefunden wenn ich fragen darf?

Katzmann Sie waren ohne Erlaubnis bewaffnet. Bei Ihrer Festnahme wurde Ihnen ein vollgeladener 32-kalibriger Revolver abgenommen, und Sie hatten noch 22 Patronen bei sich.

Sacco Den Revolver trug ich früher im Auftrag meines Arbeitgebers. Die Patronen wollte ich im Walde abfeuern, um sie nicht bei meiner Abreise nach Italien zu Hause liegen zu haben. Wollen Sie sonst noch etwas wissen, machen Sie es bitte kurz und belästigen Sie mich nicht mit Fragen, die ich der Polizei schon zehnmal beantwortet habe.

Katzmann Sie haben die Polizei angelogen, Sie haben behauptet, den Italiener Boda nicht zu kennen, obwohl Sie gerade von ihm kamen und sein Auto von der Garage holen wollten.

Sacco Es gibt Verpflichtungen der Kameradschaft für uns revolutionäre Arbeiter, die ich bei Ihrem Verhör nicht weniger erfüllen werde als vor der Polizei. Was Sie über das Tun und Lassen meiner Freunde und über unsere Beziehungen zu einander wissen möchten, werden Ihnen Ihre Spitzel ohne Zweifel mit mehr Aufrichtigkeit erzählen, als ich.

Thayer Sie täten klüger, die Männer, die über Sie zu Gericht sitzen werden, nicht durch Verstocktheit zu verstimmen, sondern ihre Fragen wahrhaftig zu beantworten.

Sacco Vorläufig warte ich noch auf eine wahrhaftige Antwort auf die Frage, was mit meiner Verhaftung bezweckt wird. Wann werden Sie mich zu meiner Familie entlassen?

Katzmann Das wird sich finden. – Wo sind Sie am 15. April gewesen?

Sacco Das wird sich doch wohl feststellen lassen.

Katzmann Sie können sich nicht mehr erinnern?

Sacco Ich werde wohl gearbeitet haben. – Mitte April war ich auch einmal in Boston beim italienischen Konsulat. Ob das gerade am 15. war, weiß ich im Augenblick nicht genau.

Katzmann Es ist gut. Über alles weitere werden Sie rechtzeitig Kenntnis erhalten.

Sacco Wenn Sie mich ausweisen wollen, dann warten Sie nicht zu lange damit. Ich kann auch außerhalb eines Landes leben, in dem mein Freund Salsedo zu Tode gefoltert wurde.

Thayer Schweigen Sie! – Führen Sie den unverschämten Patron hinaus!

Sacco wird abgeführt.

Katzmann Es sind gefährliche Burschen, alle beide. Ich denke mir, wir werden Vanzetti wegen des Überfalles in Bridgewater schnell und in aller Stille aburteilen und in dem Prozeß die Unterlagen schaffen, mit denen wir in der Braintree-Affäre Sacco und Vanzetti gemeinsam erledigen können.

Thayer Einverstanden, Staatsanwalt!

Vorhang

Prosa

Ascona. Eine Broschüre

Berlin lag mir schon wieder derart im Magen, daß ich ehrlich froh war, als es mir auch im Rücken lag.
Jetzt sitze ich fern dieser Lasterhöhle am Lago Maggiore und denke in nicht gerade liebenswürdiger Erinnerung der literarischen Nachtcafes, in denen pomadetriefende impotente »Ästheten« bei Absinth und Opiumzigaretten ihre Georgien feiern; der »Cabarets« (die Franzosen mögen mir die mißbräuchliche Bezeichnung einer schlechten Sache mit einem guten Namen verzeihen), in denen der fettleibigsten Tiergartenbourgeoisie in stilisierten Zoten »Berliner Humor« vorgesetzt wird; der Friedrichstraße, des einzigen Orts Berlins, aus dem ein Dichter Poesie schöpfen kann, sofern es ihn der Mühe nicht verdrießt, der Moral durch die Finger und den Huren, Luden und Strichjungen ins Herz zu sehen; und da ich zu den nicht alle werdenden gehöre, die noch immer auf den Tag hoffen, da die Massen sich ihrer Sklaverei wütend bewußt werden und in gesundem Haß gegen ihre Peiniger ohne Sentimentalität zum eigenen Nutzen verfahren, so denke ich auch in stiller Wehmut der liebevollen Fürsorge, mit der Herr von Borries abgerichtete Spürhunde, die auf den Namen Spitzel hören, bewachend hinter mir herlaufen hieß.
Berlin! Jeder gute Deutsche muß »seine« Reichshauptstadt gesehen haben, muß aus der »schönsten Stadt der Welt« drei Schock Ansichtskarten an sämtliche Cousinen, Freundinnen und Nachbarinnen gesandt haben, muß einmal die Linden lang, zweimal die Siegesallee hin- und zurück und dreimal um den Rolandbrunnen herumgegangen sein, muß 2½ Stunden am Lustgarten gestanden haben, um allerhöchsten Augen das frische Taschentuch zu zeigen, das zum patriotischen Hurra in der Luft wedelt. Und muß noch vieles mehr. Oder fragt einen Deutschen, der in Berlin war, ob er nicht im Reichstagsgebäude Eugen Richters und Bebels Platz beschnuppert hat; ob er nicht im Apollotheater Linckeschen Gassenhauern gelauscht und in Siegmund Lautenburgs Residenztheater sich an den ins Deutsche verflachten

französischen Schweinereien geweidet hat. Fragt ihn, ob ihn nicht ein Autotaxameter an allen Sehenswürdigkeiten vorbeikutschiert hat, und ob er nicht mit derselben Begeisterung Begas' besoffenen Bismarck wie Schlüters großen Kurfürsten, den Menzelsaal in der Nationalgalerie, wie die Kanonenparade im Zeughaus, Hermann Tietz' Abteilung für Weißwaren und Unterwäsche, wie im neuen Kaiser-Friedrich-Museum den Saal der Gobelins von Raphael betrachtet hat. –

Gott vergebe mir die Sünde, daß ich eine Schrift über Ascona, – diesen entzückendsten Fleck Erde, wo von den dunkeln Berggipfeln sehnsüchtige Schönheit, sich im grünwelligen See spiegelt, mit einer Kritik meiner teuren Landsleute beginne. Aber tagtäglich, wenn von Locarno hertrottend, eine Kompagnie übelster deutscher Reisephilister mit all ihrer Blödheit die herrlichen Gestade des Lago Maggiore entlanggafft, drängt sich mir der Vergleich auf mit den prächtigen Menschen, die hier ihre Heimat haben, mit diesen Grenzitalienern mit den dunkeln offenen Augen und der frohen Lebensselbstverständlichkeit, ein Vergleich aber auch mit den paar Ausnahms-Deutschen, die hier ihr absonderliches Leben fristen, und derentwegen ich dieses weiße Papier mit Tinte schwarz farbe ...

Wenn etwas typisch ist für den Charakter einer Bevölkerung, so ist es ihre Arbeiterbewegung; und wer als vorwärtsdrängender Kritiker das kennengelernt hat, was in Deutschland unter dem Namen Arbeiter-»Bewegung« stagniert, dessen Laune müßte eitel Zuckerwerk sein, wollte er dem deutschen Volkscharakter gegenüber liebenswürdig bleiben. Ich für meine Person habe zu lange im Kampfe für die Befreiung der Arbeiterschaft und für den Sozialismus dem feindlich gegenübergestanden, was in Deutschland Arbeiterbewegung heißt, um dem Charakter der großen Volksmasse in Deutschland, der ganz und gar dem Charakter des Besitzmobs entspricht, die geringste Sympathie entgegenbringen zu können. Und wenn ich angesichts des wahlbeflissenen Proletariats, das das seinige getan zu haben wähnt, wenn es 3 000 000 sozialdemokratische Stimmen ins behördlich sanktionierte Closet zerrt, nicht lache, bis ich mir den

Bauch halte, wie es einige kluge Individualisten tun, sondern mit Zorneswörten weiterkämpfe für die Arbeiter und gegen ihre Führer, so mag das wohl das Rudiment eines atavistischen Nationalbewußtseins sein, das mich selbst für die Deutschen noch auf die Stunde revolutionärer Selbsterkenntnis hoffen läßt.

Die psychologische Ursache der Schlappheit der Deutschen, wo immer es sich um einen Bruch mit dem Bestehenden, wenn auch für schlecht Erkannten, handelt, scheint mir in ihrer bodenlosen Gewissenhaftigkeit zu liegen. Schon Dostojewsky charakterisiert in seinem »Totenhaus« einen Leidensgefährten, indem er von ihm sagt: »er war gewissenhaft wie ein Deutscher«. Es ist durchaus nicht wahr, daß das Pflichtbewußtsein, und im Zusammenhange damit die Freude an der notwendigen Arbeit ein allgemein menschlich-moralischer Zug sei. Es ist ein typisch deutscher Zug, – auch kein typisch jüdischer, wie mir ein Bekannter behaupten wollte. Nur der Deutsche ist stolz, weil er arbeitet. Der Romane empfindet die Arbeit als ein notwendiges Übel und empfindet es als Schmach, daß er sich der Notwendigkeit dieses Übels beugen muß. Und den Juden drückt nach der biblischen Mythe Gott die Arbeit als Strafe für die Erbsünde auf; auf Strafen aber pflegt man nicht stolz zu sein.

Bezeichnender als irgendwelche Deduktion beleuchten zwei Sprichwörter die verschiedene Auffassung der Pflichtarbeit bei den Deutschen und bei den Romanen. »Arbeit macht das Leben süß«, lernt das deutsche Kind schon in den Windeln. Der Italiener aber lehrt seinen Säuglingen »Dolce far niente«. (Süß ist es, nichts zu tun). Solche Sprichwörter sind in Wahrheit vox populi. Die Revolutionsfeindlichkeit der deutschen Sozialdemokratie, ihre blinde Berufung auf Marx' Entwicklungstheorien, ferner die sehr geringe Zahl deutscher Anarchisten, – all das erklärt sich also aus der im deutschen Volkscharakter, begründeten Gewissenstreue allen einmal übernommenen Verpflichtungen gegenüber. Und das ist auch der Grund für die Intoleranz der Deutschen in Sittlichkeitssachen. – Was ist denn »Sittlichkeit«? – Doch nur gewisse durch Sitte, d. h. Gewohnheit herangezüchte-

te Lebensnormen. Was die meisten tun, was Sitte ist, gilt dem oberflächlichen Deutschen als Pflicht, und was von dieser allgemeinen Pflicht abweicht, ist »unsittlich«. Wieviel anders, wieviel freier, wieviel schöner, wieviel liebenswerter fühlt der Italiener! Solange du nicht meine Kreise störst, tue was dir beliebt, – das ist die Lebensauffassung dieses Volks, soweit es nicht in den Fängen der widerwärtigen Pfaffenbrut hängt, die unter dem Deckmantel der christlichen Liebe das Gift der Moral in die unverdorbenen Temperamente spritzt.
Eine gesunde, durch keine Gesetzesparagraphen gebändigte Sinnlichkeit steckt den Italienern im Blut; ob solche Paragraphen, wie sie unter 175 etwa das deutsche Strafgesetzbuch zieren, in Italien oder in dem Schweizer Canton Tessin überhaupt vorhanden sind, weiß ich nicht. Das aber weiß ich, daß die jungen Arbeiter hier miteinander tanzen und sich küssen, ohne daß irgend jemand das geringste Böse darin sieht, – und daß trotz dieser Sittenverderbnis hier ein temperamentvolles, starkes und schönes Geschlecht heranblüht, dem die dem deutschen Proletariat eigene Moralitätsduselei in tiefster Seele fremd ist, das weiß ich erst recht.
Und ein wilder revolutionärer Haß gegen ihre Bedrücker wogt diesen Menschen in den Fibern. Wie würden sie lachen, wollte man ihnen damit kommen, daß sie einen der ihren ins Parlament wählen sollen. Die Herren Turati und Genossen im italienischen, und besonders die Herren Greulich und Genossen im schweizerischen Parlament zählt das natürliche Gefühl der großen Arbeitermasse Italiens und Tessins genau so zu den Reaktionären, wie die Pfaffen der übrigen Parteien.
Hier weiß das Volk, daß eine Befreiung von allem Staats- und Kirchendruck nur möglich ist durch das Einsetzen jeder einzelnen Persönlichkeit, durch Verweigerung der Arbeitskraft, – durch den Auszug auf den heiligen Berg. Hier wäre es nicht denkbar, daß Schillers »Lied von der Glocke«, dieses klassische Dokument deutscher Spießerhaftigkeit und deutscher Bleichsucht, wie in Deutschland und der deutschen Schweiz – denn soweit die deutsche Zunge klingt, reicht auch der charakterlose

deutsche Volkscharakter – sozusagen zur nationalen Bergpredigt werden konnte.

»Wo sich die Völker selbst befrein,
Da kann die Wohlfahrt nicht gedeihn«,

lernt der deutsche Proletarier mit Inbrunst auswendig: das Italiener-Volk, dessen Charakter ebenfalls soweit in die Erscheinung tritt, wie die italienische Zunge klingt, singt abends beim Kaminfeuer das prächtige Volkslied, das den armen Caserio, der seine Freunde Ravachol und Henri rächte, feiert. Erst 11 Jahre liegt die unerschrockene Tat dieses jungen Feuerkopfs hinter uns. Der deutsche Philister verurteilt noch heute den »nichtswürdigen Bluthund«; der deutsche Proletarier pfeift noch heute das Lied des »Vorwärts« nach, der ihn für einen irrsinnigen Fanatiker erklärte; – in Italien aber ist er der Held eines in allen Volksschichten gesungenen Volksliedes geworden.
Hier nun, mitten unter der ticineser Bevölkerung, die schon ganz italienisch geartet ist und sich selbst ganz als Italienervolk fühlt, eine kurze Stunde von der italienischen Grenze, wo aber die rigorose Polizeimacht dieser Mustermonarchie noch nicht wirksam ist, sondern die schweizer Republik mit ihren demokratischen Staatsschikanen anerkanntermaßen am zahmsten herumhantiert, – der Bundesstaat kennt wohl seine Tessiner! –, hier hat sich eine Kolonie Deutscher konzentriert, die in ihrer Vielfarbigkeit und der Originalität einzelner ihrer Mitglieder so sehr abweicht von der öden Schablonenhaftigkeit des teuren deutschen Vaterlandes, daß es sich verlohnt, diese Colonisten im einzelnen sowohl, wie in ihrer Gesamtheit und schließlich auch sub specie aeterni einer Betrachtung zu unterziehen.

Ascona liegt, wie der Lago Maggiore überhaupt, neun Grade östlich von Greenwich und ist in beinahe gleichem Abstand begrenzt vom Äquator und vom Nordpol: 46 Grad südlich von jenem, 44 Grad nördlich von diesem. Jede bessere Spezialkarte bestätigt es.
Geht man von Locarno her an der Westseite des Sees entlang

nach Italien zu, so stößt man ungefähr in der Mitte zwischen jenem wundervollen, nur von deutschen Hochzeits-, Handlungs- und Vergnügungsreisenden schwer entstellten Städtchen und der bei Brissago befindlichen italienischen Zollstation mit Sicherheit auf irgend einen absonderlichen Haarmenschen. – Hier ist Ascona.
Auch dem Anblick eines buckligen, eingeborenen Trottels, des guten Paolo, entgeht man schwerlich. Gibt man ihm ein Zehn-Cent-Stück, so legt sich sein verwelktes Gesicht fächerförmig in tiefe Furchen, die sich weit über den Kropf herabziehen und sein Grinsen läßt selbst den Gewohnheitspessimisten an das Walten einer humoristischen Allmacht glauben. Mir würde Ascona ohne Paolo vorkommen, wie eine Klingel ohne Klöppel.
Ascona hat etwa 1000 Einwohner: dazu kommen 50–100 Deutsche, die ich hier einmal zusammenfassen will, obgleich wohl zu unterscheiden ist zwischen solchen, die in dem noch zu besprechenden Sanatorium »Monte Verità« bei Sonnenbädern, Früchten und Salat Heilung von wirklichen oder eingebildeten Krankheiten suchen, und solchen, die hier ansässig geworden sind, und die bei der Bevölkerung, gleichviel ob sie sich von Pflanzenkost oder »Leichenfraß« nähren, mit dem Sammelbegriff »Vegetariani« bezeichnet werden. Zur Weltstadt fehlt dem wie ein deutscher Flecken verwalteten Ort also noch mancherlei, und übermäßig viele sind es noch nicht, die sich an der göttlichen Herrlichkeit dieser einzigen Landschaft erfreuen.
Und wie schön diese Landschaft ist! In weitem Umkreise hohe dunkelgrüne Bergzüge, lange sanftgewellte, hie und da langsam abfallende Höhenflächen, manchmal unterbrochen von vulkanartig sich zuspitzenden Kegeln. Und wo der See im Winkel umbiegt tiefer nach Italien hinein, da schiebt sich eine neue stillmächtige Wand vor den Blick und vollendet die Umschließung. Nördlich aber, über Locarno recken sich die schneestrahlenden Zacken der Alpen riesig in die Höhe; – ein wunderbarer Kontrast zu der friedlichen Bergkette im Osten, Westen und Süden.
Hellgrün ist die Farbe des Sees, seltener bläulich, nur wenn es

stürmt und starke Wogen dröhnend ans Ufer schlagen, dann bäumt sich das Wasser in dunkelgrünen, gischtspritzenden Brandungen. Nirgends habe ich einen See so als Höhensee empfunden wie den Lago Maggiore. Es ist als ob die in steiler Schräge nach dem Wasser abfallenden Hänge mit unterirdischen Fingern den Boden des Sees emporheben, und als ob jenseits der Berge nach allen Seiten hin tiefe Täler liegen, – viel viel tiefer als die Oberfläche des Sees.

Ascona liegt im Winkel einer flachen, von keinem Hügel gewellten Halbinsel, die sich von Locarno aus fast quadratisch in den See hinausreckt, und an deren Ende die Maggia im breiten Delta in den See mündet. Wie eine Herausforderung gegen die ganze ebenmäßige Höhenstimmung ringsum wirkt diese Halbinsel. Mich stört aber die Niederung nicht, und sie ermöglicht von Ascona aus einen wundervollen Blick gerade aus nach Süden. An der Querseite entlang stehen alte echt italienische Häuser mit geräumigen Arkaden unter dem ersten Stockwerk, und davor der Raum bis zum Wasser ist breit genug, um mehrere Reihen Bäume, eine bequeme Fahrstraße und weiten Spielraum für die lebhaften und schönen Kinder zu lassen, die Asconas Hoffnung sind. Der übrige Ort liegt am Rande der tadellosen Chaussee, die sich unter den Berghängen entlang von Locarno bis Pallanza erstreckt und von Ascona ab viele Meilen weit, bis Cannobio, nach links hin unmittelbar am Seeufer entlangläuft.

Mit Asconas Sehenswürdigkeiten möchte ich mich nicht lange aufhalten. Es gibt deren auch nicht viel. Nur sei bemerkt, daß die frommen Frauen hier – die Männer sind weniger fromm – zwei Kirchen nötig haben, um ihre religiöse Notdurft zu verrichten, und daß es hier auch ein Priesterseminar gibt, ein Alumnat, in dem unglückliche Jünglinge mit dem Geist der katholischen Kirche durchtränkt, d. h. zu katholischen Pfaffen herangedrillt werden. Was uns aber am meisten auffiel, als ich im Sommer 1904 auf einer Fußtour, die ich in Gemeinschaft mit meinem Freunde Johannes Nohl nach Italien hinein machte, zum ersten Mal Ascona betrat, waren eine große Menge Ruinen, traurige Trümmer ehemaliger Häuser, die am Seeufer weit entlang auf

den vorderst gelegenen Hügeln den Eindruck einer erloschenen Betriebsamkeit, einer untergegangenen Kultur erwecken. Größtenteils zerfallene Weinbau-Anlagen geben diesem Anblick etwas noch geheimnisvoll-poetischeres.
In der Tat ist hier einmal Weinbau im großen Maßstabe betrieben worden. Aber die Reblaus kam, und die Bewohner, die ihre einzige Existenzmöglichkeit vernichtet sahen, gingen von ihren Wohnstätten fort und überließen ihre Häuser einfach dem Schicksal des Verfalls.
Daraus erklären sich auch die geradezu lächerlich billigen Preise der schönstgelegenen Grundstücke, die ihrerseits letzthin unter den deutschen Ansiedlern und denen, die es werden wollen, einen epidemisch auftretenden Grundbesitz-Kaufkoller bewirkt haben.
Natürlich ist aber auch hier schon wieder die Rückwirkung bemerkbar, indem in einem Jahre die Grundrente doch beträchtlich gestiegen ist. Im letzten Winter schloß ein Bekannter einen Kaufvertrag ab, nachdem er für ein Terrain von 2500 m, inclusive Baumaterial, soweit die Ruine dazu verwendbar wäre, im ganzen 300 Frk. zu erlegen hatte, zahlbar mit langer Frist in kleinen Raten. Vor ganz kurzer Zeit dagegen – im Mai – kaufte ein anderer Herr 20 000 m für 6000 Frk., also die doppelte Summe für ein Stück Land, das dem ersteren an Schönheit der Lage nicht gleichkommt und an Bebauungsfähigkeit kaum überlegen ist.
Wenn ich bedenke, daß durch die bevorstehende Eröffnung der Simplonbahn, die natürlich in weitem Umkreise den Grundwert bedeutend hebt, durch die gesicherte Bahn Locarno-Pallanza, deren Station Ascona werden dürfte, durch die geplante Anlage einer Wasserleitung und anderer technischer Bequemlichkeiten eine weitere und immer wachsende Steigerung der Bodenrente zu erwarten ist, so graut mir vor der schauderhaften Aussicht, geschäftsbeflissene Banausen könnten hier zu Spekulationszwecken Land erwerben und etwa modische Villen hier erstehen lassen, von denen die Landschaft bis jetzt gottlob noch nicht befleckt ist.

Noch ist es schön und still hier. Noch genügen den wenigen, die statt auf den Monte Verità in Kur zu gehen, lieber im Ort selbst wohnen, die eingesessenen, alten Wirtschaften, an denen natürlich bei dem trinkfesten Tessinervolk kein Mangel herrscht. Male ich mir aber aus, hier könnten Hotels und Kurhäuser entstehen, aus Ascona könnte eine Sommerfrische werden, wo deutsche Rentner und Töchterpensionate Ozon schlürfend spazieren ständern, wo asthmatische Tanten ihren hühnerbrüstigen Nichten eine passende Partie suchen, – dann wollte ich lieber, einer der umliegenden Berge enthüllte einen ungeahnten mildtätigen Krater, der noch vorher alle Lieblichkeit dieses Ortes in Lava und Asche ersäufte.

Vorläufig möchte ich aber weder mir noch dem Leser mit solchen Befürchtungen die Schönheit des Lago Maggiore verekeln, von der ich freilich bei meiner mangelhaften Begabung zur Landschaftsschilderung keinen rechten Begriff geben kann. Wer sich nicht durch den Anblick überzeugen will, was hier die Natur vermocht hat, – und wem's doch nicht genügt, meinen dürftigen Beschreibungen des äußerlichen Rahmens zu folgen, den mache ich darauf aufmerksam, daß Deutschlands größter Dichter Goethe in »Wilhelm Meisters Wanderjahren« und Deutschlands allergrößter Dichter Jean Paul im »Titan« so vom Lago Maggiore sprechen, daß phantasiebegabte Menschen doch wohl eine Ahnung bekommen können von den exotisch anmutenden Bäumen, die am Seeufer und auf den Bergen wachsen, von den Kakteen und Gummipflanzen, die aus den Felswänden hervorquellen, von den Bächen und Wasserfällen, deren Rauschen nachts mit dem Gesange der Nachtigallen zusammenklingt und von all den Herrlichkeiten auf dem Spiegel des Wassers, auf dem Kamm der Berge und in den Wolkenhöhen, wo die Adler kreisen.

Ich verzichte darauf, daß alles anschaulich zu machen, und verfüge mich zurück in die Prosaniederung der Marktpreise.

Freilich – herumzulaufen im Ort, und Schlächter, Bäcker und Gemüsefrauen um einen Preiscourant zu bitten, ist mir, – und eine spezialisierte Preisstatistik in dieser Broschüre zu finden,

wäre intelligenteren Lesern zu langweilig. Deshalb beschränke ich mich auf die Mitteilung, daß laut Versicherung vegetabilischer und animalischer Damen und solcher Leute, die die Fähigkeit haben, sich in ihren Ausgaben nach ihren Ressourcen zu richten – es gibt hier auch solche Käuze – das Leben in Ascona sehr billig sein soll. Ich kann darüber aus eigener Erfahrung nur berichten, daß ich für ein Zimmer mit Bedienung, notwendigster Einrichtung u. prächtigster Aussicht über den See, monatlich 10 Frk. zu zahlen hatte, und daß die Wirte in langmütiger Vertrauensseligkeit Kredit gewähren.
Um nicht den Vorwurf zu verdienen, ich sei in meinen Angaben über Ascona nicht mit der Genauigkeit verfahren, die einem Deutschen ansteht, sei auch noch bemerkt, daß die Verbindung hier für den, der Grund hat, seinem Schuhzeug nicht zu trauen, in folgenden Möglichkeiten besteht.
Dreimal täglich im Winter, viermal täglich im Sommer legt an Asconas Gestade ein schweizerisch-italienischer Dampfer an, der mit geschlachteten Kälbern, Frachtkisten, Reisekoffern und Arbeitern auf der einen, mit italienischen Pfaffen und internationalen Reisesüchtigen erster Klasse auf der anderen Seite beladen ist; zweimal täglich klingelt die Post Locarno-Brissago und ebenso oft dieselbe Post Brissago-Locarno mit Briefen, Paketen, Zeitungen und Passagieren durch den Ort; und je viermal täglich hält hier ein Automobil-Omnibus Locarno-Pallanza-Gravellona, der auf der Hin- und Rücktour für einige Minuten die schöne Gegend mit Lärm und Gestank versieht. Daß die Chaussee daneben von Fahrrädern mit Pedal- oder Motorbetrieb, von Mietskutschen und Privat-Autos wimmelt, daß einem Angst und Bange werden kann, versteht sich am Rande.
So also ist der Ort beschaffen, den sich ein Rudel von Eingängern zur Stätte der Wirksamkeit erkoren hat.

Nun wäre es ja wohl auch meine Pflicht und Schuldigkeit, den historischen Werdegang der Entwicklung Asconas von einem Tessiner Grenzflecken mit ungestört italienischem Gepräge zu einer deutschen Sonderlings-Kolonie aufzurollen. Leider bin ich aber über die Anfänge des jetzigen Zustands zu wenig orientiert, und muß mich mit der Feststellung begnügen, daß vor etlichen Jahren eine Anzahl Vegetarier, die sich im Harzer Jungborn getroffen hatten, die dann von dort miteinander gen Süden gezogen waren und, ich glaube in Rapallo, den Beschluß zu einer ethisch-sozial-vegetarisch-kommunistischen Siedlung faßten, auf der Suche nach einem hierzu geeigneten Gelände den Platz fanden, der heute »Monte Verità« heißt. Schön gewählt ist dieser Platz jedenfalls, ob er auch praktisch gewählt war, steht dahin. Der »Monte Verità« ist ein hochgelegenes Plateau mit wundervollem Blick über den Lago Maggiore, zu dem man von Ascona aus etwa 20 Minuten ziemlich steil zu steigen hat.

Die ersten Ansiedler also bauten dort eine oder mehrere Holzhütten, und anfangs soll sich ein recht hübsches kommunistisches Leben entwickelt haben, hübsch besonders für alle diejenigen, die mit leerer Tasche sich zu den Kommunisten hinzufanden. Der Dilettantismus eines solchen Beginnens liegt auf der Hand. Kommunistische Siedlungen, die nicht auf der Basis einer revolutionär-sozialistischen Tendenz erwachsen sind, werden stets Fiasko machen müssen, zumal wenn das Band, das die Teilnehmer seelisch aneinander bindet, ein so belangloses ist, wie das Prinzip des Vegetabilismus. Natürlich konnte das ideale Zusammenleben nicht von langer Dauer sein. Man mußte daran denken, den steigenden Kosten des gemeinsamen Betriebes in gewinnbringenden Anlagen ein Äquivalent zu schaffen, und so entstand das Sanatorium, das sich allmählich mit zwingender Notwendigkeit zu einem rein kapitalistischen Unternehmen entwickelt hat, an dem eigentlich nur noch einige in der Hausordnung gebotene Primitivitäten und der radikal durchgeführte Vegetabilismus an den ethischen Ursprung erinnern. Erstere dürften wohl in absehbarer Zeit den höheren Ansprüchen verwöhnter Kurgäste zum Opfer fallen. Der Bruch mit dem Prinzip einer sozial-ethischen Gemeinschaft mußte den Bruch der Teilnehmer untereinander selbstverständlich mit sich führen. Mehrere von ihnen räumten denn auch dem Begründer des Sanatoriums, Herrn Henri Oedenkoven, der heute noch Besitzer des

Monte Verità ist, das Feld, und kauften sich selbständig Grundstücke, auf denen sie nach eigenem Belieben schalteten. Ihr Beispiel fand mehr und mehr Nachahmung, und so kommt es, daß in Ascona und den Nachbardörfern jetzt eine große Zahl von Grundstücken in den Händen Deutscher ist, von denen die Mehrzahl Vegetarier sind.
Der »Monte Verità« bietet heute für den sozialen Beobachter kein großes Interesse mehr. Er ist ein Sanatorium, wie andere auch, nur eben ein vegetarisches. Da ja aber die Vegetarier von andern Deutschen zunächst den Vorzug haben, daß sie sich wenigstens in ihren äußeren Lebensgewohnheiten von den Gepflogenheiten der Massen unterscheiden, so trifft man da oben denn doch hie und da einen Menschen, der als Individualität bestehen kann.
Ich sehe mancherlei Parallelen zwischen der Entwicklung des »Monte Verità« von einem ideellen Experiment weniger zu einem kapitalistischen Sanatorium, das jedem offen steht, der bezahlt, einerseits, und der Neuen Gemeinschaft der Brüder Hart in Berlin andrerseits, die in ihren Ideen und Prinzipien Großes verhieß, dann aber in dem sozialen Angstprodukt von Schlachtensee, das schließlich zu einer Hotelpension mit ethischem Firmenschild wurde, elend verendete.
Hier war es die dogmatische Unduldsamkeit der Begründer selbst, woran die Idee zugrunde ging, die glaubten, soziale Gebilde aus Weltanschauungen gestalten zu können, ferner der ungehemmte Zulauf harmloser Ethiker, die sich von der Welt mißverstanden fühlten, und nicht zum mindesten der Einfluß der Frauen, die auf der einen Seite die Neue Gemeinschaft zu ihrem Emanzipationsherd aufkacheln wollten, auf der andern Seite die philosophischen Ewigkeitsfragen, um die es sich handelte, im Kochtopf und Waschfaß ersäuften.
Ganz ähnlich war es auf dem »Monte Verità«. Der Vegetarismus wurde zu einer menschheitbefreienden Idee aufgepustet, und als die Beteiligten aus dieser recht irrelevanten Weltanschauung heraus ihre sozialen Träume nicht verwirklichen konnten, versuchte man es mit der ganz unmöglichen Verquickung eines

ethischen Prinzips mit einem kapitalistischen Spekulationsunternehmen. Wie in solchen Fällen immer mußte die Ethik hierbei den kürzeren ziehen, und heute kann man über die Rudimente dessen, was werden sollte, über die gutmütige Laune des Besitzers, der »Mitarbeiter« in fünfstündiger Arbeitsfrist nötige Handreichungen verrichten läßt, wobei er natürlich ohne regulär bezahlte und ausgebeutete Arbeitskräfte doch nicht auskommt (darin liegt kein Vorwurf gegen Herrn Ödenkoven), und über die Hausordnungsbestimmung, daß sich jeder Kurgast seine Lufthütte selbst in Ordnung halten muß, nur noch lächeln. So schmeichelte sich auch Julius Hart in Schlachtensee dann noch mit der Illusion, hier bereite sich das Leben einer neuen, abgeklärten Menschheit vor, als die Neue Gemeinschaft schon lange in den Kreis der wenigen Auserwählten jeden guten Bürger aufnahm, der sich bereit fand, in ihrem Heim ein Zimmer für sich zu mieten. Was die Mitwirkung weiblicher Kräfte an irgendeinem einigen Fernblick erfordernden Unternehmen betrifft, so steht für mich a priori fest, daß die alten Griechen, Römer und Orientalen von einem sehr sicheren Instinkt geleitet wurden, indem sie den Weibern zu jedwedem wichtigeren Beginnen den Zuschauerplatz anwiesen. Wohl weiß man das listig tastende Gefühl der Frau das Naheliegende oft genug rascher zu erkennen und richtiger zu bewerten, als der bedächtig abwägende Mann. Wo es sich aber um Organisieren handelt, bzw. um die Verwaltung groß angelegter Institutionen, da – cave mulierem! Deshalb eben bin ich ein so begeisterter Anhänger der von den Frauenrechtlerinnen betriebenen Beteiligung des zarten Geschlechts an der Staatsregierung, weil ich gar kein geeigneteres Mittel ausdenken kann, um die segensreichen Einrichtungen unserer Zentralgewalten in Grund und Boden zu arbeiten.
Wie weit diese allgemeine Betrachtung auf die besonderen Verhältnisse des »Monte Verità« anzuwenden sind, entzieht sich meiner intimeren Beobachtung. Ich weiß nur soviel, daß an der ursprünglichen Anlage sowohl, wie an der ferneren Gestaltung der Dinge Frauen hervorragenden Anteil hatten, und ich weiß ferner, daß aus der anfangs beabsichtigten Gemeinschaft etwas

geworden ist, was damit nur noch sehr entfernte und sehr äußerliche Ähnlichkeiten aufweist. Wenn ich nun zwischen diesen beiden Tatsachen vermöge meiner oben ausgesprochenen skeptischen Auffassung von dem Wert weiblicher Beihilfe an sozialen Bestrebungen, einen kausalen Zusammenhang konstruiere, so möchte ich damit den auf dem »Monte Verità« tätigen Damen keineswegs zu nahe treten. Ich weiß ihre Ausdauer und Unverdrossenheit sehr wohl zu schätzen, nur will eben meinem subjektiven Eindruck die Art der ihnen zugewiesenen Obliegenheiten im Prinzip ungeeignet erscheinen.

Die dritte und bedenklichste Erscheinung, von der analog der Neuen Gemeinschaft auch der »Monte Verità« heimgesucht wurde und wird, sind die ethischen Wegelagerer mit ihren spiritistischen, theosophischen, okkultistischen oder potenziert vegetarischen Sparren. Wer je in Vereinigungen irgendwie absonderlicher Prägung hineingerochen hat, weiß was ich meine, kennt die schmachtäugigen Blaßgesichter, die von morgens früh bis abends spät nur beflissen sind, in untadeligem Lebenswandel Leib und Seele im Gleichgewicht zu halten. Vegetarier sind diese Geister ja fast alle. Dagegen ist auch gar nichts einzuwenden. Wenn mich jemand überzeugen könnte, für meine Gesundheit und bei meiner Konstitution sei Pflanzenkost, Alkoholenthaltung und was sonst noch alles dazugehört, unbedingt geboten, und wäre ich der Meinung, die intensive Pflege des Leibes sei wichtiger als die des Geistes und der Seele, so würde ich auch wohl Vegetarier werden. Sicher bin ich der Meinung, daß einem Rekonvaleszenten ein paar Monate konsequent vegetarischen Lebens etwa auf dem »Monte Verità« überaus nützlich sein mögen. Wenn mir aber jemand mit allgemeinsittlichen Vorhaltungen kommt, mir »Leichenfraß« vorwirft und sich als den höhern Menschen aufspielt, so wirkt er auf mich im höchsten Maße lächerlich.

Mit solch läppischen Albernheiten aber begründen die meisten ihren Vegetarismus. Als ob sie nicht mit jedem Radieschen, das sie verzehren, ein Stück Leben vernichten und sich von »Leichenfraß« nähren! – Solche Leute aber sind auf dem »Monte

Verità« natürlich immer zu finden gewesen. Sie tragen ihren zum Schutz vor Sonnenbrand sehr zweckmäßigen Leinenkittel wie ein Priester seinen Talar, und die Haare, die sie sich, wie viele Künstler aus ästhetischen, aus naturgemäßen Gründen lang wachsen lassen, wallen ihnen um die verzeichneten Christusköpfe, als wohnten ihrer Mähne magische Kräfte inne. Daß solche Elemente, die mit äußerlichem Aufputz Innenleben zu markieren trachten, den ernsten Ideen eines Unternehmens als Hemmschuh anhängen, liegt auf der Hand, und ich bin überzeugt, daß aus dem »Monte Verità« ganz etwas andres hätte werden können, wären diese Herrschaften von vornherein mehr im Hintergrunde gehalten worden. Ich habe die Sorte in der Zeit, als ich noch der Neuen Gemeinschaft mit Enthusiasmus ergeben war, hinreichend kennengelernt, und weiß, wie sie sich mit ihrem bißchen »Weltanschauung« als »Individualitäten« aufblasen, während sie doch einander gleichen, wie durchgepaust.
An dieser Stelle mag die Wiedergabe eines Liedes am Platze sein, das mir jüngst in einer verbrecherischen Stunde entfuhr, und das den Vegetarier als Sammelbegriff vielleicht besser illustriert als eine weitschweifige Charakteristik.

Der Gesang der Vegetarier
Ein alkoholfreies Trinklied
(Mel. »Immer langsam voran«)

Wir essen Salat, ja wir essen Salat
Und essen Gemüse früh und spat.
Auch Früchte gehören zu unsrer Diät.
Was sonst noch wächst, wird alles verschmäht.
Wir essen Salat, ja wir essen Salat
Und essen Gemüse früh und spat.

Wir sonnen den Leib, ja wir sonnen den Leib,
Das ist unser einziger Zeitvertreib.
Doch manchmal paddeln wir auch im Teich,
Das kräftigt den Körper und wäscht ihn zugleich

Wir sonnen den Leib und wir baden den Leib,
Das ist unser einziger Zeitvertreib.

Wir hassen das Fleisch, ja wir hassen das Fleisch
Und die Milch und die Eier und lieben keusch.
Die Leichenfresser sind dumm und roh,
Das Schweinevieh – das ist ebenso.
Wir hassen das Fleisch, ja wir hassen das Fleisch
Und die Milch und die Eier und lieben keusch

Wir trinken keinen Sprit, nein wir trinken keinen Sprit,
Denn der wirkt verderblich auf das Gemüt.
Gemüse und Früchte sind flüssig genug,
Drum trinken wir nichts und sind doch sehr klug,
Wir trinken keinen Sprit, nein wir trinken keinen Sprit,
Denn der wirkt verderblich auf das Gemüt.

Wir rauchen nicht Tabak, nein wir rauchen nicht Tabak,
Das tut nur das scheußliche Sündenpack.
Wir setzen uns lieber auf das Gesäß
und leben gesund und naturgemäß.
Wir rauchen nicht Tabak, nein wir rauchen nicht Tabak,
Das tut nur das scheußliche Sündenpack.

Wir essen Salat, ja wir essen Salat
Und essen Gemüse früh und spat.
Und schimpft ihr den Vegetarier einen Tropf,
So schmeißen wir euch eine Walnuß an den Kopf.
Wir essen Salat, ja wir essen Salat
Und essen Gemüse früh und spat.

Dieser Gesang soll übrigens nicht nur auf den »Monte Verità« bezogen werden. Auch die im Ort selbst wohnenden Vegetarier werden hie und da Heimatklänge darin hören, und wer ihn mir am schwersten übel nimmt, der mag versichert sein, daß er am portraitähnlichsten darin photographiert ist.

Die Bewertung der hygienischen Anstalt, als welche ich den »Monte Verità« allein noch auffasse, gehört nicht in den Rahmen dieser Broschüre. Geschmeckt hat mir persönlich die Rohkost, die dem Hungrigen dort vorgesetzt wird, stets vorzüglich. Auch fand ich immer unter den Kurgästen der Anstalt vortreffliche und interessante Menschen. Der Besitzer des Sanatoriums, Herr Oedenkoven, ist ein ästhetisch fein empfindender Mann, und die von seiner Gattin geleiteten musikalischen Abende, denen ich beiwohnte, waren genußreich und verständnisvoll arrangiert. Mehr habe ich über das Prinzipielle hinaus hierzu nicht zu bemerken. Die Abfassung von Reklamebroschüren überlasse ich dem »lichtvollen Historiographen«, Herrn Professor Ludwig Pietsch in Berlin, dem Autor der epochemachenden Schrift über den Kaiserkeller.

Von Eisner bis Leviné

Die Entstehung der bayerischen Räterepublik

Persönlicher Rechenschaftsbericht über die Revolutionsereignisse in München vom 7. November 1918 bis zum 13. April 1919

Räterepublik! Das war vom Tage des Todes Eisners an der Refrain aller Kundgebungen. Ein stürmisches Verlangen nach ihrer sofortigen Ausrufung machte sich im Proletariat geltend, und die kommunistische Partei insbesondere erhob diese Massenforderung zu ihrer eigenen. Es wird aufgefallen sein, daß hier von der KPD im allgemeinen wenig die Rede war. In der Tat hatte die Partei bisher ihre Tätigkeit ganz auf Agitation unter den Massen und Organisation in den eigenen Reihen beschränkt. Der Haß, der ihr dabei den Namen »Spartakisten« bei der Bourgeoisie zuzog, bewies, daß diese Arbeit fruchtbar war. Zu eigenem Handeln war die Ortsgruppe aber jedenfalls noch zu schwach. Politisches Eingreifen überließ sie daher stets dem RAR, dem ja Levien angehörte, und der mindestens zur Hälfte aus Parteikommunisten bestand. Durch den RAR war demnach die Partei auch im Rätekongreß vertreten. Außerdem gehörten einige Delegierte der Arbeiterräte aus den Landbezirken der KPD an, ohne sich jedoch im Kongreß als Fraktion zusammenzuschließen.
Das Drängen nach schleuniger Ausrufung der Räterepublik war um so verständlicher, als allerlei reaktionäre Machenschaften gleich wieder bemerkbar wurden, die es dem Proletariat nötig erscheinen ließen, die Macht selbst zu übernehmen. Zunächst war da die Sabotage der Bewaffnung des Proletariats. Dem Stadtkommandanten Dürr war aufgegeben, die Austeilung von Gewehren nach Betrieben zu veranlassen. Er tat fast nichts in dieser Sache, und die wenigen Waffen, die verteilt wurden, gerieten in die Hände ausgesuchter Mehrheitler, so daß die Gefahr entstand, die Verfügung über die Waffen werde schließlich bei den reaktionären Gewerkschaftsführern sein. Hierzu kam, daß der Zentralrat sich gleich nach Eisners Tod erweiterte,

indem von der sozialdemokratischen Mehrheitspartei zwei Funktionäre der Gewerkschaften hinein entsandt wurden. Der RAR delegierte daraufhin auch seinerseits zwei Genossen in den Zentralrat: Levien und Hagemeister, die jedoch gleich wieder austreten mußten, da sich der Zentralrat unter dem Einfluß der Rechtssozialisten auf ein höchst zweideutiges Programm verpflichtete. Die Hauptsache aber, die das Mißtrauen des Proletariats auf den Höhepunkt trieb, war die geheimnisvolle Tätigkeit der drei Berliner Unabhängigen. Eines Tages erschien Emil Barth auf der Rednertribüne des Rätekongresses und redete von der Notwendigkeit, sich wieder eine richtige Staatsordnung zu geben. Er kam dann auch als Gast in die Sitzung des RAR und wollte uns bewegen, doch von dem blödsinnigen Gedanken einer Räterepublik abzukommen. Man müsse diplomatisch vorgehen, dann erreiche man viel mehr usw. Ich trat ihm sehr energisch entgegen und er holte sich bei den Genossen des RAR die gründlichste Abfuhr. Inzwischen aber merkte man, daß hinter den Kulissen allerlei Schiebungen vor sich gingen. Die Sitzung des Rätekongresses mußte unterbrochen werden, da die USP eine wichtige Besprechung habe und es wurde ruchbar, daß an dieser Besprechung die Herren Haase, Kautsky und Barth teilnahmen. Dann fand auch noch eine gemeinsame Konferenz der USP mit den Rechtssozialisten statt. Es war klar, daß eine Überraschung geplant war.
Die kommunistische Agitation für die Räterepublik hatte inzwischen die Konterrevolution überaus nervös gemacht. Am 27. Februar wurden von Flugzeugen Zettel über München abgeworfen, die die Unterschriften des Nürnberger Stadtkommandanten Schneppenhorst und Dr. Ewingers, des späteren Diktators Oberbayerns, trugen und besonders gegen Levien und mich scharf machten. An diesem selben Tage trug sich dann ein Ereignis zu, das das Proletariat im äußersten Maße erregte. Während der Sitzung des Rätekongresses drangen plötzlich die Führer der »Republikanischen Schutztruppe« mit geschwungenen Pistolen und unter dem Ruf: »Hände hoch!« in den Saal. Levien und ich wurden herausgezerrt und unter Mißhandlungen

die Treppe heruntergestoßen. Ebenso wurde dann noch Landauer, der eben das Haus betrat, festgenommen und ferner noch Dr. Wadler, der Vertreter der Arbeitslosen Cronauer und der Delegierte der demobilisierten Soldaten Markus Reichert von der KPD. Wir sollten, wie dann bekannt wurde, verschleppt werden und als Geiseln für etwaige Aktionen des Proletariats dienen. Daß dieser Plan nicht zur Ausführung kam, dankten wir hauptsächlich dem Beistand der das Landtagsgebäude schützenden Abteilung der »Republikanischen Schutztruppe«, die von jeher vorzüglichen revolutionären Geist gezeigt hatte – das lag an der ständigen Berührung mit dem im Landtagsgebäude tagenden RAR – und sich nun anschickte, uns gegen die Gewalt ihrer Kameraden von den anderen Abteilungen der RS mit den Waffen zu verteidigen. Als die Situation aufs äußerste bedrohlich geworden war und ein Kampf unvermeidlich schien – schon waren Maschinengewehre in Stellung gebracht –, kam vom Stadtkommandanten Gegenorder und wir waren frei.
Der RAR beschloß jetzt im Einverständnis mit der KPD, den Rätekongreß vor eine Entscheidung zu stellen, und ich erhielt den Auftrag, am nächsten Tag den Antrag einzubringen, Bayern zur Räterepublik auszurufen. Der Kongreß sollte also aus dem Provisorium ein Definitivum machen, zugleich sollte das Proletariat selbst in Aktion treten, die Waffen nehmen, die Ämter säubern. Betriebsräte neu wählen und das Sowjetsystem unter proletarischer Diktatur verwirklichen. Ich begründete den Antrag (am 28. Februar), der dann zur namentlichen Abstimmung kam. Es stimmten 70 Delegierte für die Räterepublik, 234 dagegen. – Ich muß hier einschalten, daß unter den Gegnern des Antrages auch mein Freund Landauer sich befand, der auf eine Begründung seiner Haltung vor dem Kongreß selbst verzichtete, dann aber privatim nahezu dieselben Gründe angab, die fünf Wochen später für die kommunistische Partei maßgebend waren. Vor allem hielt er den Zeitpunkt für die Proklamation für verfrüht.
Wie die Massen dachten, zeigte sich während der Auszählung der Stimmen. Eine mächtige Demonstration erregter Arbeiter

erschien vor dem Landtagsgebäude, um in drohender Haltung das Resultat abzuwarten. Landauer, sonst eine der beliebtesten Persönlichkeiten bei der Menge, versuchte vom Fenster aus beschwichtigend einzuwirken, indem er die Gründe darlegte, die die Ausrufung der Räterepublik in diesem Augenblick gar nicht wünschenswert machten. Er mußte abtreten. Man verlangte nach Levien und mir. Wir hatten die größte Mühe, die Arbeiterschaft zum Abzug zu bewegen, die durchaus entschlossen war, obwohl sie unbewaffnet war, das Gebäude zu stürmen und den Kongreß zum Teufel zu jagen. Mir hat es später sehr leid getan, daß wir damals gebremst haben. Die Räterepublik wäre sonst durch einen heroischen Akt des Proletariats erzwungen worden, und die schlimmen Differenzen, die im April unsere Aktion zur Totgeburt machten, wären der bayerischen Arbeiterschaft erspart geblieben.

Die Gärung in der Bevölkerung war gewaltig. Wie populär die Idee der Räterepublik selbst bis in rechtssozialistische Kreise der Arbeiterschaft schon war, beweisen die schon einige Tage vorher vom Münchener Arbeiterrat (der zur Mehrheit aus Auerochsen bestand) angenommenen, vom Genossen Dr. Wadler eingebrachten Forderungen: Sofortige Ausrufung der sozialistischen Räterepublik, Einsetzung von Volksbeauftragten, Einsetzung eines Revolutionstribunals, Standrecht gegen die Reaktion. – Die Konterrevolutionäre hingegen betrachteten die Ablehnung des Antrages, Mühsam keineswegs als Triumph. Am folgenden Tage nämlich (1. März) wurden bereits wieder Flugblätter über München abgeworfen, die diesmal vom Münchener Stadtkommandanten Dürr, vom (unabhängigen) Polizeipräsidenten Staimer, von Vertretern der sozialdemokratischen Partei und der freien Gewerkschaften unterzeichnet waren, und in denen es hieß: »Wollt ihr, daß die Straße Euch weiter vergewaltigt? Könnt Ihr Euch länger von Elementen wie Levien, Mühsam, Hagemeister, Cronauer und Konsorten den Fuß auf den Nacken, die Pistole auf die Brust setzen lassen? Nein! Genau so, wie uns die Gegenrevolution, die Bourgeoisie, ins alte Elend bringen würde, genau so wird das Volk von den Spartakisten und ihrem Anhang, den Plünderern, ins größte Unglück gestürzt werden. Deshalb gilt es, daß alle Arbeiter und Soldaten das unerträgliche Joch einer brutalen Minderheit abschütteln, gemeinsam den Boden der Ordnung im Sinne einer einigen Sozialdemokratie betreten und das Volk endlich der wahren Demokratie, dem Sozialismus, der echten Volksherrschaft zuführen. Wir müssen unverzüglich ein rein sozialistisches Ministerium bilden . . . Vor allen Dingen müssen wir den ebenso gefährlichen Elementen des Spartakusbundes und dem sich immer mehr breit machenden Lumpengesindel das Handwerk legen. Arbeiterschaft! Soldaten! Handeln heißt es! Die vernünftige Bevölkerung bleibe zu Hause! Die Straße muß freibleiben für die Soldaten, die berufen sind, sozialistische Ordnung zu schaffen! Es geht ums Ganze! Es geht um die Errungenschaften der Revolution! Es gilt die Rechte der Räte vor dem Terror der Straße zu schützen! Es geht um den geeinigten Sozialismus! – Soldaten! Schart Euch um Eure berufenen Führer! Folgt nur der Parole, die diejenigen ausgeben, denen Ihr Vertrauen schenkt! Deshalb in die Kasernen! Dort werden Eure gewählten Kasernenräte und Führer mit Euch unternehmen, was das Volkswohl erfordert.« Das war offene Kriegserklärung

Am Abend desselben Tages rechnete ich im Münchener Arbeiterrat öffentlich mit Dürr und Staimer ab, deren Absetzung ich verlangte. Beide Herren waren persönlich zugegen. Es gelang ihnen, sich mit ihrer Nervosität zu entschuldigen, und derselbe Münchener Arbeiterrat, der wenige Tage vorher Wadlers radikalen Forderungen zugestimmt hatte, erteilte dem Polizeipräsidenten und dem Stadtkommandanten, die am selben Tage zum Blutbad gegen die Revolutionäre aufgereizt hatten, sein Vertrauensvotum. Die Sitzung schloß spät in der Nacht. Da meine Freunde vom RAR nach der Provokation für meine Sicherheit auf dem Heimweg fürchteten, zwangen sie die beiden, mich in ihrem Auto heimzufahren und der Stadtkommandant und der Polizeipräsident, die mich am selben Nachmittag verhaften und womöglich erschießen lassen wollten, setzten mich persönlich in meiner Wohnung ab.

Der Rätekongreß hatte nach der Ablehnung meines Antrages beschlossen, daß der im Januar gewählte Landtag trotz seiner feigen Desertion in der Stunde seines ersten Zusammentritts als zu Recht bestehend anerkannt würde. Charakteristisch aber für die Halbheit aller seiner Maßnahmen war die aus Angst vor dem Proletariat zugleich gefaßte Entschließung, daß das Parlament vorerst vertagt bleiben solle. Darauf beeilten sich die Sozialdemokraten eine Erklärung abzugeben, wonach sie sich in der Lage erklärten, »in einem sozialistischen Ministerium mitzuwirken«. Gleichzeitig forderten sie eine Neukonstituierung des Rätekongresses auf Grund von Wahlen, die nach den Grundsätzen der Verhältniswahl stattzufinden hätten, demnach das Abberufungsrecht, ohne das das ganze Rätesystem unsinnig ist, illusorisch machten. Die Rechte der Räte sollten zudem in einer Weise eingeschränkt werden, die ihren wirklichen Einfluß vollständig gebrochen hätte. Bei der Verhandlung des Antrages im Kongreß stellte sich heraus, daß es den Rechtssozialisten hauptsächlich darauf ankam, dem RAR den Todesstoß zu versetzen. Der Redner der Auerochsen sagte in seiner Begründung, daß es seiner Partei unmöglich sei, mit den Mitgliedern des »Revolutionären Arbeiterrats« in einem Aktionsausschuß zu arbeiten. Er stellte daher den formellen Antrag, die 3 Mitglieder, die der RAR zum Aktionsausschuß stellen durfte, zu streichen. Landauer erwiderte, wies darauf hin, daß der Mann, der hier gesprochen hatte, das Recht dazu nur daraus nehme, daß der Revolutionäre Arbeiterrat ihn eingeladen habe, den er nun ausgeschlossen wissen wollte. Bei dieser Gelegenheit sprach Landauer den später viel zitierten Satz: »In der ganzen Naturgeschichte kenne ich kein ekelhafteres Lebewesen, als die sozialdemokratische Partei.«
Die Reibereien zwischen den Revolutionären und den »sozialistischen« Konterrevolutionären nahmen indessen immer heftigere Formen an. Der Stadtkommandant wagte es, die Abteilung der RS, die uns beim Überfall auf den Kongreß geschützt und der die Versammlung dafür einstimmigen Dank ausgesprochen hatte, aus dem Landtagsgebäude fortzunehmen, ja, einige als besonders revolutionär bekannte Soldaten ohne weiteres aus der

Schutztruppe zu entlassen. Sie wendeten sich an den Kongreß, der auch versprach, sich ihrer anzunehmen und ausdrücklich verfügte, daß die Abteilung im Hause bleiben sollte. Allein wiederum erwies sich die Ohnmacht des Zentralrats, Beschlüsse durchzuführen. Der Wille des Rätekongresses wurde einfach ignoriert. Die Beratungen verloren sich meistens in ganz überflüssigem Geschwätz über gleichgültige Nebensächlichkeiten. Wesentliche Dinge, wie z. B. ein von mir in Gemeinschaft mit einem radikalen Bauernrat eingebrachter Antrag, die ländlichen Kommunalverbände aufzulösen und ihre Funktion den Bauernräten in Gemeinschaft mit städtischen Arbeiterräten zu übertragen, wurden verschleppt und kamen gar nicht zur Verhandlung.

Inzwischen hatte im Gefolge der Rührigkeit der Berliner Unabhängigen in Nürnberg eine gemeinsame Konferenz der Mehrheitssozialisten, der Unabhängigen und der gemäßigteren Richtung des Bauernbundes stattgefunden, und am 7. März wurde dem Kongreß der »Nürnberger Kompromiß« durch den Mund eines der rückständigsten Bauernräte vorgetragen. Da dieser Kompromiß die eigentliche Ursache der späteren Ereignisse wurde, sei er in extenso mitgeteilt.

»1. Sofortige Einberufung des Landtages zu einer kurzen Tagung. Bildung eines sozialistischen Ministeriums durch die beiden sozialistischen Parteien mit Errichtung eines land- und forstwirtschaftlichen Ministeriums und Besetzung durch einen Bauernbündler nach Beratung mit dem Aktionsausschuß der A.-, S.- und B.-Räte. Anerkennung dieses Ministeriums durch den gewählten Landtag. Schaffung einer Notverfassung.

2. Übertragung weitgehender Vollmachten durch den Landtag auf das Ministerium zur Leitung der Regierungsgeschäfte.

3. Zusammenfassung und Ausbau der Propaganda-Abteilung für Volksaufklärung.

4. Die gesetzgebende und vollziehende Gewalt liegt während der Zeit des Provisoriums allein in den Händen des Ministeriums. Je ein Vertreter der A.-, S.- und B.-Räte kann mit beratender Stimme an den Sitzungen des Ministerrats teilnehmen.

5. Sofortige Schaffung einer freiwilligen Volkswehr aus gewerkschaftlich organisierten Arbeitern; sofortige Auflösung des stehenden Heeres.
6. In den Vertretungen der Gemeinden, Bezirke, Kreise und staatlichen Behörden steht den A.-, S.- und B.-Räten das Recht der praktischen Mitarbeit durch Abordnungen in diesen Körperschaften zu. Im Ministerium des Innern ist ein Referat für die Räteorganisation zu errichten und nach dem Benehmen mit dem Aktionsausschuß zu besetzen.
7. Den A.-, S.- und B.-Räten steht ferner das Recht zu, beim Landtag und bei der Regierung Beschwerden, Eingaben und Gesetzentwürfe einzureichen und letztere jeweils durch einen Beauftragten vertreten zu lassen. Den neugewählten Räten steht eine Berufung gegen Beschlüsse des Landtags an die Volksgesamtheit zu. (Referendum.)
8. Die Neuwahlen der Räte sind im ganzen Lande nach den Grundsätzen der Verhältniswahl möglichst bald anzuordnen. Über aktives und passives Wahlrecht sind vom Gesamtstaatsministerium unter Mitwirkung des Aktionsausschusses besondere Bestimmungen zu treffen.
9. Die Rechte der Räte sind unter Berücksichtigung von Punkt 6 und 7 durch ein besonderes Gesetz umgehend festzulegen.«
Die revolutionäre Minderheit war über diese dem Rätekongreß zugemutete Selbstentmannung empört, konnte aber die Annahme der Leitsätze nicht verhindern. Die Punkte wurden einzeln beraten und abgestimmt, und nach der Annahme von Punkt 1 sofort zur Wahl des Ministeriums geschritten, dessen Zusammensetzung natürlich von den Parteien hinter den Kulissen längst vereinbart war. Zum Ministerpräsident wurde der Mehrheitler Hoffmann bestimmt, der im Kabinett Eisner Kultusminister war, sich aber im Kampf der Meinungen bisher ziemlich passiv verhalten hatte. Sein wahres Gesicht zeigte der Mann erst, als er auf dem Gipfel seiner Laufbahn angelangt war. Das Ministerium für Kultus und Unterricht, für das der Kongreß zuerst den linksstehenden Rechtssozialisten Niekisch gewählt hatte, den Vorsitzenden des Zentralrats und des Räte-Kongres-

ses, behielt Hoffmann dann als Ministerpräsident neben dem Ministerium des Auswärtigen, das er gleichfalls übernahm, bei. Für das Innere wurde der bisherige Demobilmachungskommissar Segitz, für die Justiz ein Herr Endres, beide Mehrheitssozialisten, gewählt. Die Soziale Fürsorge übertrug man dem weit rechtsstehenden Unabhängigen Unterleitner, der dieses Ministerium schon zu Eisners Zeit verwaltet hatte. Handel und Industrie dem Nürnberger rechten Unabhängigen Simon. Der einzige Ministerkandidat, der einstimmig gewählt wurde, war Professor Jaffé als Finanzminister, der sich unter Eisner als revolutionärster Geist innerhalb des Ministerrats erwiesen hatte. Für das Militärwesen war der schon erwähnte Schneppenhorst vorgeschlagen. Die Mißstimmung gegen diesen Mann war jedoch infolge der Flugblätter, die er über München hatte abwerfen lassen, bis in reformistische Kreise hinein so groß, daß auch die Unabhängigen gegen ihn sprachen und seine Parteigenossen ihn daher selbst fallen ließen. Seine Wahl wurde einstimmig abgelehnt und dafür der Rechtsunabhängige Scheidt ernannt.
Im übrigen wurden die neun Punkte hintereinander erledigt. Bei der Gesamtabstimmung war nur eine geringe Minderheit klar genug, die furchtbare Gefahr zu erkennen, die mit diesem Beschluß über das ganze Land gebracht war. Ich rief bei der Verkündigung der Annahme des Nürnberger Kompromisses in den Saal: »Herr, vergib ihnen, denn sie wissen nicht, was sie tun.« Damit ging der Rätekongreß auseinander. Er hatte die Revolution preisgegeben.
Die Arbeiterschaft selbst verzichtete jedoch keineswegs auf ihre Fortsetzung. Sie verfolgte mit der mißtrauischsten Aufmerksamkeit den weiteren Verlauf der Dinge, entschlossen, ihre revolutionären Rechte mit allen Mitteln zu verteidigen. Der Landtag trat also wirklich zusammen, nachdem dem »Revolutionären Arbeiterrat« seine Räume außerhalb des Hauses, nämlich im früheren Palais des Königs, zugewiesen waren. Die Helden des 21. Februar tagten unter grotesker militärischer Sicherung, indem sie das Kopfnicken, das ihnen die Nürnberger Kompromißler vorgeschrieben hatten, vollzogen. Trotzdem fand sich die

Möglichkeit, den Willen des Rätekongresses gleich nach der Rückkehr ins Parlament mit Füßen zu treten. Kaum war nämlich der Kongreß vertagt, da warfen die Kompromißparteien mit dem Zentralrat zusammen die Liste des »rein sozialistischen« Ministeriums wieder um und änderten darin die beiden für den Rätekongreß wichtigsten Posten. Professor Jaffé, der schon unter Eisner im Sinne des linken Flügels der Unabhängigen gearbeitet hatte (so hatte er sich öffentlich zu der Absicht bekannt, das Inseratenmonopol für die Presse durchzuführen), wurde einfach über Bord gesetzt, obwohl er der einzige Ministerkandidat war, gegen den sich im Kongreß keine einzige Stimme erhoben hatte. Aber er war Jude und galt als Radikaler. Das Finanzressort wurde provisorisch einem Beamten überlassen, um es später wieder durch einen eigenen Minister zu besetzen. Zweitens wurde aber auch ein weiterer »Unabhängiger« von der Liste gestrichen, der zum Militärminister ausersehene Herr Scheidt, der bisher provisorisch schon das Amt verwaltet hatte. Er schien den konterrevolutionären »Sozialisten« wohl schon zu radikal, obwohl seine Unterschrift am 1. März mit unter den zitierten zum Bürgerkrieg aufrufenden Flugblättern gestanden hatte. Statt seiner wurde der vom Rätekongreß einstimmig abgelehnte Schneppenhorst eingesetzt, der Mann, der dann die Rolle des bayerischen Noske übernehmen sollte. Im übrigen zeigte aber der Landtag seinen demokratischen Willen dadurch, daß er ein albernes Gesetz annahm, durch das die Führung des Adelstitels fortan in Bayern verboten wurde. Das war eine Verballhornung eines von Landauer und mir im Rätekongreß eingebrachten, aber nicht mehr beratenen Vorschlags, der die Adelsvorrechte dadurch ausschließen wollte, daß er einfach die Strafbarkeit der unberechtigten Führung von Adel und Titeln aufzuheben empfahl. Da sich das Gesetz des Landtags nur auf den bayerischen Adel bezog, da außerdem die betroffenen Familien erklärten, ihr Adelsprädikat bilde einen unlöslichen Bestandteil ihres Namens, blieb das ganze eine wirkungslose Demonstration.

Die Stimmung der Massen kam an dem Abend zum Ausdruck,

als die Mehrheitssozialdemokratie fünf Massenversammlungen einberief, in denen die von ihnen gestellten neuen Minister sich dem Volk vorstellen sollten. Alle diese Versammlungen verliefen als unzweideutige kommunistische Kundgebungen. Den Rednern wurde überall übel zugesetzt, der neuen Regierung die allerschärfste Opposition angekündigt, die Werbeinserate der Reaktion zur Bildung von weißen Garden wurden ihr vorgehalten, und aus allen Reden und Rufen der Proletarier klang immer wieder die eine Forderung heraus: Räterepublik! – Natürlich versetzten die Berliner Märzunruhen mit den Schreckenstaten der weißen Mörder die Münchener Arbeiterschaft in besondere Unruhe. Sie verlangten Garantien gegen das Übergreifen derartiger Vorgänge nach Bayern und erreichten denn auch, daß die Regierung in einem strikten Verbot jede militärische Werbung für den sogenannten »Grenzschutz Ost« oder gegen den Bolschewismus untersagte. Ja, Herr Schneppenhorst erließ sogar Haftbefehle gegen Werbeoffiziere, die den Oberst Epp, der die Rolle Koltschaks für Bayern spielen wollte und später mit Schneppenhorsts Unterstützung auch wirklich spielte, veranlaßten, seine Tätigkeit an die Grenze außerhalb des Landes, nach Ohrdruf in Thüringen zu verlegen, wo er ein antibolschewistisches Freikorps aufstellte.
Der Landtag war verabredungsgemäß gleich nach Erledigung der wenigen gestellten Aufgaben wieder heimgeschickt worden, und sollte erst zusammentreten, wenn der Zentralrat ihn wieder brauchte. Man rechnete auf Ende Mai. Die Regierungsgeschäfte lagen inzwischen formell bei den einzelnen Ministerien, doch wurden alle praktischen Arbeiten tatsächlich von den Staatskommissariaten geleitet, die schon seit Eisners Ermordung am Werk waren und teilweise sehr Tüchtiges leisteten. Ein großer Teil der organisatorischen Tätigkeit lief beim Staatskommissariat für Demobilmachung zusammen, dessen erster Referent, das Mitglied des »Revolutionären Arbeiterrats« Paulukum (USP) außerordentlich tatkräftig die Interessen der Arbeiterschaft wahrte. Als Kommissar für das Wohnungswesen griff Genosse Dr. Wadler so gründlich durch, daß er sich den unauslöschlichen Haß der

Bourgeoisie zuzog. Er beschlagnahmte sämtliche Spekulationsgrundstücke, um darauf Wohnstätten zu errichten, registrierte alle großen Wohnungen und quartierte Arbeiterfamilien bei Kapitalisten ein. Er reiste selbst im Lande umher, um sich persönlich von der miserablen Unterkunft der Arbeiter bei den großen Industrieanlagen (so der Bergarbeiter von Penzberg) zu überzeugen und Abhilfe zu schaffen. Ich halte es für eine Pflicht loyaler Solidarität, wenn ich ein paar Worte zugunsten dieses Genossen hier einfüge. Dr. Wadler war erst nach Ausbruch der Revolution zu sozialistischen Überzeugungen gelangt. Während des Krieges war er – von Beruf Rechtsanwalt – Offizier gewesen und hatte sich von alldeutschen Ideen völlig durchtränken lassen. In Belgien oblag ihm ein verantwortlicher Dienst bei der Zwangsdeportation belgischer Arbeiter. Er versah diesen Dienst durchaus im Geiste seiner Auftraggeber und seine vom Standgericht ans Licht gezerrten Berichte und Ratschläge offenbarten in der Tat dasselbe Maß unsozialer Gesinnung, das die deutsche Militärdiktatur während des Krieges allgemein auszeichnete. Mit dem Niederbruch der deutschen Heere gingen Wadler die Augen auf. Er sah aus vollem Herzen ein, wie verblendet er vorher gewesen war und gab sich mit seiner ganzen Person der Revolution hin. Keiner von uns allen, die wir näher mit ihm zu tun hatten, hat je die Empfindung gehabt, daß er ein ehrgeiziger Konjunktur-Revolutionär sei. Der RAR nahm ihn gern in seine Mitte auf, und er hat sich in jeder Situation treu bewährt. Das Standgericht verurteilte Wadler später unter Aberkennung der bürgerlichen Ehrenrechte zu 8 Jahren Zuchthaus und begründete das Schandurteil mit dem Vorwurf, seine frühere unsoziale Haltung beweise die Unehrlichkeit seiner revolutionären Gesinnung und seines Bekenntnisses zum Kommunismus. In Wirklichkeit war das von Juristen und Offizieren gefällte Urteil ein Racheakt gegen den ins andere Lager übergegangenen Juristen und Offizier, und zugleich ein Racheakt der in ihrem Besitzfanatismus gekränkten Bourgeoisie gegen den Arbeiter-Quartiermacher in ihren Behausungen. Daß P. Werner die vom konterrevolutionären Standgericht gegen Wadlers Ehrenhaftigkeit angezogenen Argumente wiederholt, um den Mann, der zufällig nicht bei der KPD organisiert war, auch beim Proletariat zu verdächtigen, ist tief beschämend.

Die Regierung kannte die Stimmung unter den Massen zu gut, um nicht zu wissen, daß sie die Vollmachten der sehr populären Kommissariate nicht einengen durfte. Sie mußte vielmehr bestrebt sein, den Proletariern auch in den allerwichtigsten Forderungen, denen, die die Expropriation der Expropriateure betrafen, wenigstens scheinbar entgegenzukommen. Das immer drohender hörbare Verlangen nach der endgültigen sozialen Revolution, nach der Rätediktatur, mußte beschwichtigt werden, und dazu mußte das Wort »Sozialisierung« herhalten. In dieser Zeit tauchte in München der Nationalökonom Dr. Neurath auf, der vorher in Leipzig einem volkswirtschaftlichen Institut vorgestanden hatte. Dieser hochintelligente, von großem theoretischen Wissen bediente Mann begann seine Tätigkeit mit öffentlichen Vorträgen über Sozialisierungsprobleme, in denen er außerordentlich weitgreifende Pläne für die Vergesellschaftung der Produktion entwickelte. Er stellte sich dem RAR vor, wurde auch vom Münchener Arbeiterrat zu einem Vortrag eingeladen und fand bei der Arbeiterschaft starkes Interesse, wenngleich ihm persönlich einiger Argwohn entgegengebracht wurde, der in der völligen Wahllosigkeit begründet lag, mit der Neurath seine Ideen auch in den rückständigsten Bürgerkreisen zu Gehör brachte. Der Grundgedanke seiner Vorschläge bestand darin, daß die gesamte Produktion vollständig in den Dienst des notwendigen Bedarfs gestellt würde, als den er bezeichnete: auskömmliche Unterkunft, Verpflegung, Bekleidung und Vergnügung für alle Volksgenossen ohne Unterschied. Er wollte die Luxus- und Spekulations-Industrie absolut unterbinden, glaubte dadurch den Kohlen- und Kraftbedarf für die Ernährungs-, Textil-, Werkzeugs-Produktion etc. decken zu können, wollte die Übernahme der Großbetriebe und des Großgrundbesitzes in die Hände der Gesellschaft ohne Ablösung bewirken und stellte also sozialistische Forderungen auf, mit denen das Proletariat an und für sich sehr zufrieden sein konnte. Das Dilettantische seines

Vorgehens bestand nur darin, daß er der Ansicht war, diese Maßnahmen ließen sich ohne Eingriff in die politische Verfassung des Landes durchführen. Er pflegte zu sagen, er halte es mit jeder Regierung, die ihn ungestört arbeiten lasse, ob es eine absolutistisch-monarchistische sei, oder eine Räterepublik, sei ihm gleichgültig. Aus Opportunitätsgründen ließ sich Neurath in die sozialdemokratische Partei aufnehmen, und also gestützt auf die Regierungspartei selbst, glaubte er nun vermöge seiner konzilianten Beredsamkeit die gesamte Bürgerschaft von der Nützlichkeit und Notwendigkeit seiner Vorsätze überzeugen zu können. Wen er in der Tat gewann, das war der Minister für Handel, Gewerbe und Industrie, Herr Simon, der in seinem sehr opportunistischen unabhängigen Gemüt im Ernst meinte, kraft seines Amtes durch einfache Erlasse des Ressortministeriums den Sozialismus in Bayern einführen zu können. Neurath wurde auf sein Betreiben vom Ministerrat zum Sozialisierungskommissar mit außerordentlichen Vollmachten ernannt.
Am 21. März schlug die Nachricht von der Ausrufung der Räterepublik in Ungarn wie eine Bombe ein. Die Begeisterung des Proletariats war überschwänglich. Der Name Bela Khun wurde neben denen Lenins und Trotzkis zum Kampfruf für die Massen. Die Versammlungsredner fanden mit dem Appell zur Nacheiferung des ungarischen Beispiels jubelnde Zustimmung. Vor der Bourgeoisie tauchte erst jetzt das Gespenst der Räterepublik als unmittelbare leibhaftige Drohung auf. Die Regierung bekam eine Höllenangst und hoffte auf Neurath. Dieser überredete das Ministerium, eine Proklamation zu erlassen, in der die »Vollsozialisierung« angekündigt wurde. Zugleich lud man die sächsische (ebenfalls »sozialistische«) Regierung ein, dem Beispiel zu folgen, erhielt aber von Herrn Gradnauer in Dresden eine sehr deutliche Absage. Wie konsterniert die Bourgeoisie war, zeigte sich daran, daß es Neurath gelang, einen Führer der klerikalen Agrarbourgeoisie, Herrn Dr. Schlittenbauer, für seine Pläne einzufangen. Wahrscheinlich sah der Mann die Unvermeidlichkeit des kommunistischen Sieges so deutlich vor sich, daß er alle Rettung nur noch in einem rechtzeitigen Pakt mit dem

Umsturz suchte, bei dem die von ihm vertretenen Großbauern ihre Schäfchen noch ins Trockene bringen mochten. Neurath selbst mußte allerdings bei allen Versuchen Praktisches zu leisten, immer mehr einsehen, daß ihm der Kapitalismus zähen Widerstand entgegensetzte, gegen den ihm die Vollmachten des Ministers Simon nicht das Mindeste halfen. Er mußte also seinen Wagemut bald etliche Pflöcke zurückstecken.
Die Hauptsorge der Regierung Hoffmann war, die eigene Position gegen die immer schärfer zur revolutionären Aktion drängenden Massen zu festigen. Auch da mußte Neurath helfen. In einer vom RAR einberufenen großen Volksversammlung in der letzten Märzwoche, in der ich das Referat hatte, erbat der Sozialisierungskommissar außer der Reihe das Wort und überraschte die Tausende seiner Hörer mit einem Projekt, für das er die Zustimmung der Regierung so gut wie sicher habe. Der bayerische Staat werde den Kommunisten ein großes, fruchtbares Gebiet, das einige tausend Personen bequem ernähren könne, mit allem nötigen Werkzeug und einem Kapital von vorläufig einer Million Mark zur völligen freien Bewirtschaftung nach eigenen Grundsätzen zur Verfügung stellen, auf dem diejenigen, die sich dort ansiedeln wollen, die Realisierbarkeit ihrer Ideen experimentell beweisen könnten. Neurath malte die Vortrefflichkeit seines Planes in leuchtenden Farben aus und versprach jedes Entgegenkommen in der Auswahl des Gebiets, in der Freigebigkeit des Staates und in allen Einzelheiten. Die Versammlung war perplex und einigermaßen ratlos, wie sie sich diesem Anerbieten gegenüberstellen sollte. Landauer empfahl die Annahme, indem er auf die russischen Mustersiedlungen hinwies und die Möglichkeiten hervorhob, die sich aus dem Bestehen einer solchen revolutionären Keimzelle ergeben könnten. In der Diskussion ging weiter kein einziger Redner auf Neuraths Vorschläge ein, ein Zeichen, wie mißtrauisch die Arbeiter selbst ein so verlockendes Anerbieten betrachteten. Im Schlußwort goß ich dann gehörig Wasser in Neuraths Wein. Auch ich meinte, daß man grundsätzlich auf den Plan eingehen müsse, schon um nicht in den Verdacht zu geraten, als ob man

sich selbst vor kommunistischen Experimenten fürchte. Ich bedeutete Neurath aber, daß die Arbeiterschaft sich nicht in die Situation eines Geschenkempfängers gedrängt sehen wolle, sondern als gleichberechtigter Vertragskontrahent die Verhandlungen führen wolle. Sie müsse also ihre strikten Bedingungen stellen, damit die Regierung vor allen Dingen nicht zu dem Glauben verleitet werde, als ob sie mit der Verpflanzung einiger tausend Kommunisten aufs Land etwa die unangenehme kommunistische Opposition in ganz Bayern los sei. Neurath möge seiner Regierung mitteilen, daß sein Angebot erst dann diskutabel werde, wenn jenes abgetrennte Gebiet als politisch absolut autonom anerkannt werde, daß seine Anwohner demnach nicht den bayerischen kapitalistischen Gesetzen unterworfen seien, daß es eigene diplomatische Vertreter halten werde, und zwar nicht nur in München und Berlin, sondern vor allem auch in Rußland und Ungarn, daß seine Männer Waffen führen müssen, um sich gegen Angriffe auf ihre kommunistischen Anlagen zu wehren, und daß ihnen bei alledem die freie Agitation im übrigen Bayern nicht verkümmert werde. Diese Antwort fand die lebhafte Zustimmung der Versammlung. Von der Sache selbst hat man dann nichts mehr gehört.
Die erfreulichen Nachrichten aus Budapest – die ungarische Sowjetregierung richtete sofort ein Mitteilungsbüro in München ein – gaben der politischen Regsamkeit der Kommunisten vervielfachtes Leben. Fast täglich fanden überfüllte Massenversammlungen statt, in denen die Aussichten der proletarischen Revolution erörtert wurden, und die stets in der Zuversicht schlossen, daß die bayerische Räterepublik ein in Kürze erreichbares Ideal sei. Bei fast allen diesen Versammlungen war die KPD die Einberuferin – nur gelegentlich abgelöst durch die Arbeitslosen und ganz selten vom RAR –, und als Referenten mußten immer wieder Levien und ich heran, und zwar ich bedeutend häufiger noch als Levien, der seine Tätigkeit mehr und mehr in den Dienst der Parteisektionen und des Parteiorgans, der »Münchener Roten Fahne« stellte. War er verhindert, was gewöhnlich der Fall war, so holte man mich, und es kam vor, daß ich eine

ganze Woche hindurch jeden Abend reden mußte; ja, als die KPD eines Tages eine Reihe von Parallelversammlungen veranstaltete, mußte ich hintereinander in vier Versammlungen sprechen. – Diese Inanspruchnahme meiner Dienste von der Partei aus hörten in den letzten Märztagen mit einem Schlage und ganz unvermittelt auf. Ich erfuhr, daß die Berliner Parteizentrale besondere Organisatoren nach München entsandt habe, und daß infolgedessen die Partei nun auch selbst mit Referenten für die Versammlungen ausreichend versehen sei. Mir war das nicht unangenehm, da ich reichlich überanstrengt war und auch meine wirtschaftliche Existenz vernachlässigt hatte. So beschränkte ich mich zumeist auf Werbereden in Betriebsversammlungen, nahm mehr Fühlung mit den Betriebsräten und unmittelbar Werktätigen als es mir bisher möglich war und ging am 1. April einerseits aus Gründen der materiellen Sicherung meiner Familie, andererseits auch, um persönlich genauen Einblick in die Liquidation der Kriegswirtschaft und die Organisation des Übergangs zur Friedenswirtschaft zu gewinnen, als Gehilfe[3] zum Genossen Paulukum ins Demobilmachungs-Kommissariat. Zum Einarbeiten in die schwierige und komplizierte Materie fand ich allerdings keine Zeit mehr. Am 4. April trat urplötzlich und vollständig überraschend die Tatsache ein, die die bayerische Revolution von Grund aus durcheinander warf und ihre Niederlage entschied.

Hinter den zutage liegenden äußeren Ereignissen verbergen sich auch heute noch so viele geheime und verdächtige Vorgänge, daß eine zuverlässige Darstellung der Entstehung der Münchener Räterepublik noch gar nicht möglich ist. Auch ich kann nur durch den Bericht des persönlichen Erlebens zur Klärung beitragen und halte es daher für geraten, noch mehr als bisher schon die eigene Person und die eigene Beobachtung zum Ausgangspunkt aller Mitteilungen zu machen. Denn ich glaube, daß die ungekünstelte Darstellung subjektiv erlebter Dinge mehr innere Wahrheit enthält, als eine gequälte Objektivität, der alle Grundlagen tatsächlichen Wissens fehlen. Ich berichte also im Folgenden nur, was ich mit eigenen Sinnen wahrgenommen habe.

Am Nachmittag des 4. April (Freitag) hatte ich an einer Betriebsversammlung teilgenommen, um auf Einladung der Betriebsräte ein Gutachten über Differenzen unter den Arbeitern abzugeben. Um 6 Uhr sollte im Wittelsbacher Palais eine Sitzung des RAR stattfinden. In dem Augenblick, als ich das Gebäude betreten wollte, kamen mir im Vorgarten eine Anzahl von Genossen entgegen, darunter mehrere Mitglieder des RAR (auch Landauer), der Vorsitzende des Zentralrats Niekisch und ein paar bekannte USP-Leute. Sie forderten mich auf, sofort umzukehren und mit ihnen zum Ministerium des Äußeren zu gehen, da die Räterepublik in Bayern sofort proklamiert werden solle. Ich glaubte zuerst, man wolle mich mit einem Witz aufziehen, erkannte aber bald, daß die Sache ernst war. Ich erhielt auf dem Wege folgende Aufklärungen: Niekisch war soeben von Augsburg zurückgekehrt, wo er ansässig war. Die Augsburger Arbeiterschaft stehe, wie bekannt war, im Generalstreik und habe die strikte Forderung gestellt, der Zentralrat in München solle sofort die Räterepublik ausrufen, die Regierung für abgesetzt erklären und die Diktatur dem Proletariat übertragen. Das Verlangen der Augsburger Arbeiter allein hätte nicht genügt, um einen so folgenschweren Entschluß zu fassen. Doch sei soeben die Nachricht eingetroffen, daß die Konterrevolution zum Schlage aushole. Die Regierung wolle unter Bruch des Abkommens mit dem Rätekongreß und dem Zentralrat den Landtag eigenmächtig zum 8. April einberufen, um vor allem dem durch die Neurath'schen »Sozialisierungs«-Pläne aufgeregten und geängsteten Bürgertum legislative Sicherungen gegen die Revolution zu schaffen. Man habe daher keine Wahl, wenn man sich nicht vollständig den Kapitalisten ausliefern wolle, als sofort zu handeln und den Willen des Augsburger Proletariats zu erfüllen.

Die Stimmung der kleinen Schar war sehr gehoben, und ich leugne nicht, daß sie auf mich überging und der Gedanke, daß der heiße Wunsch des Proletariats nun Erfüllung finden solle, mein Herz heftig schlagen machte. Dieses Hochgefühl, mit dem ich das Ministerium des Äußeren betrat, bekam allerdings schnell einen Dämpfer. Der Minister des Innern Segitz empfing uns. Ihm ging der Ruf voraus, er sei unter den führenden Mehrheitssozialisten eine der anständigsten und ehrlichsten Persönlichkeiten. Er war bereits unterrichtet, da Niekisch schon am frühen Nachmittag eine Ministerratssitzung veranlaßt hatte, die sich mit der neuen Situation beschäftigte. Außer Segitz waren von den Ministern anwesend Simon, Unterleitner und Schneppenhorst, den ich bei dieser Gelegenheit zum ersten Mal sah. Ferner erschienen der Stadtkommandant Dürr und der Polizeipräsident Staimer, sowie einige Führer des Bauernbundes, der USP und der Gewerkschaften. Wir mögen im ganzen 30 Personen gewesen sein. Als Niekisch die Sitzung eröffnen wollte, stellte ich zunächst die Frage, ob die Kommunistische Partei verständigt sei, und erhielt die Auskunft, Levien werde jeden Augenblick erwartet. Da er jedoch nicht kam, begann man mit den Verhandlungen. Über die Zwangslage bestand Einigkeit, und mit besonderer Lebhaftigkeit erklärte Dürr, daß unter den obwaltenden Verhältnissen die Ausrufung der Räterepublik die notwendige Maßnahme zur Abwehr konterrevolutionärer Anschläge sei. Für die Mitwirkung der Truppen bürge er. Damit schien der glatte Verlauf der Aktion gesichert, und man ging an die Erörterung der Art der Proklamation. Landauer und ich erhielten den Auftrag, ein Manifest auszuarbeiten, das am nächsten Morgen den vollzogenen Akt der Bevölkerung mitzuteilen hätte, und zwar sollte dieser Aufruf auch schon die Namen der Volksbeauftragten enthalten, die vorläufig den Ressorts vorstehen sollten. Die Verteilung dieser Ämter sollte nach Möglichkeit paritätisch unter die sozialistischen Parteien und Richtungen verteilt werden. Zu allernächst sollte der Zentralrat eine entscheidende Radikalisierung erfahren, weshalb eine starke Vertretung des RAR und die Aufnahme einer Reihe von KPD-Mitgliedern vorgesehen wurde. Niekisch sollte vorerst an der Spitze bleiben. Doch wurde auf Landauers Verlangen beschlossen, daß das Provisorische aller Maßnahmen deutlich kenntlich gemacht würde, so daß also der Aufruf zu unterzeichnen sei vom »provisorischen Zentralrat« und dem »provisorischen Rat der Volksbeauftragten«, da alle endgültigen Entschließungen und

Ämterbesetzungen selbstverständlich den Räten vorbehalten werden müßten. Hatte mir schon die ganze Art der Verhandlung wenig gefallen, so war ich im höchsten Maße verblüfft, als die Wahl der provisorischen Volksbeauftragten vorgenommen wurde. Dagegen, daß Segitz das Innere wieder übernehmen sollte, erhob ich keine Einwendung, weil seine Partei analog dem ungarischen Beispiel ja jedenfalls vertreten sein sollte. Daß man dann Simon und Unterleitner zu den gleichen Ressorts berief, die sie bisher schon verwaltet hatten, machte mich stutzig, und ich äußerte Bedenken dagegen, daß der Eindruck erweckt würde, als ob man einfach die bisherigen Minister fortan Volksbeauftragte nennen wolle und damit die Räterepublik für errichtet halte. Um derartige Einwendungen zu beschwichtigen, übertrug man Landauer das Ressort für Volksaufklärung. Ich verlangte, daß die drei meiner Auffassung nach wichtigsten Posten Kommunisten übertragen würden, nämlich Auswärtiges, Justiz und Militär. Für das Auswärtige wurde Dr. Mühlon vorgeschlagen, ein pazifistischer Schriftsteller, der sich im Kriege durch Veröffentlichung für die deutsche Regierung schwer kompromittierender Tatsachen bekannt gemacht hatte, die er in seiner früheren Eigenschaft als Direktor bei den Krupp-Werken erfahren hatte. Da Mühlon – der übrigens nicht in München war – sich grundsätzlich für das Rätesystem als gesellschaftliche Organisationsform ausgesprochen hatte, glaubte man, er werde bei dem Ansehen, das er bei den Ententeregierungen besaß, zugleich eine enge Verbindung mit den Sowjetrepubliken herstellen können und Schwierigkeiten aus dem Westen zu verhindern wissen. Ich blieb mit meinem Einspruch allein. Für die Justiz akzeptierte man einen Kommunisten, der mit Zustimmung der Partei womöglich aus Nordbayern gestellt werden sollte. Das Militärwesen schlug ich vor, Levien anzubieten. Doch erklärten die Mehrheitler, sie müßten gleich den Unabhängigen und den Linksradikalen zwei Ressorts beanspruchen, zumal Segitz seiner Wahl erst meinte zustimmen zu können, wenn er dazu die Erlaubnis seiner Partei eingeholt habe. Zu meinem Erstaunen wurde – und zwar von dem Unabhängigen Simon – der bisherige Militärminister Schneppenhorst als Volksbeauftragter für das Militärwesen empfohlen. Dieser Vorschlag führte zu einer sehr heftigen Kontroverse zwischen mir und Schneppenhorst. Ich erklärte, daß der Mann, der diesen Posten übernehme, die Aufgabe habe, das Proletariat zu bewaffnen und eine rote Arbeiterarmee aufzustellen, die bereit sei, die Räterepublik gegen jeden Angriff von innen und von außen zu schützen, daß Schneppenhorst hingegen im Ruf eines bayerischen Noske stehe und besonders durch seine Flugblätter und dadurch, daß er von Nürnberg aus Militär gegen München in Anmarsch gesetzt habe, jedes Vertrauens bei den Massen entbehre. Schneppenhorst antwortete sehr erregt. Die Flugblätteraffäre entschuldigte er damit, daß er falsch informiert gewesen sei. Man habe ihm berichtet, Levien und ich wollten im Falle der Ablehnung meines Antrages im Rätekongreß durch einen Gewaltakt den Kongreß auseinandertreiben und die Rätediktatur einführen. Als er gesehen habe, daß das nicht geschah, habe ihm seine Übereilung selbst leid getan und er bitte um Entschuldigung dafür. Auch habe er nie Truppen gegen München schicken wollen. Die Sache verhalte sich ganz harmlos. Auf den Bescheid hin, daß die »Republikanische Schutztruppe« in München durch wochenlange strenge Bereitschaft völlig erschöpft sei, habe er nur zur Ablösung eine Anzahl Nürnberger Soldaten, noch dazu unbewaffnet, nach München schicken wollen, sie dann aber überhaupt nicht abreisen lassen. Zum Beweise seiner vollen proletarischen Loyalität führte er an, daß er jede Werbetätigkeit in Bayern verhindert und Werbeoffiziere habe verhaften lassen. Die sehr geschickt vorgetragene Rede Schneppenhorsts machte auf die Anwesenden starken Eindruck. Ich erwiderte jedoch, daß ich die Richtigkeit seiner Angaben nicht nachprüfen könne, daß mir aber auch im Falle seiner größten Ehrlichkeit seine Person unannehmbar scheine, weil vor allen Dingen bei der Besetzung dieses wichtigen Vertrauenspostens die Mentalität des Proletariats berücksichtigt werden müsse, das nun einmal ein tiefes Mißtrauen gegen Schneppenhorst habe. Ich blieb jedoch mit meinem Widerspruch allein. Den Volksbeauftragten für die

Landwirtschaft zu bestimmen, wurde in allgemeiner Übereinstimmung dem radikalen Bauernbund überlassen.

Wir – Mitglieder des »Revolutionären Arbeiterrats« bestanden darauf, daß endgültige Beschlüsse erst gefaßt werden sollten, wenn die KPD an den Verhandlungen teilnehme. Da Levien jedoch trotz mehrfacher Versuche, ihn zur Stelle zu bringen, ausblieb, wurde vereinbart, daß am Abend im Kriegsministerium eine neue Zusammenkunft im größeren Kreise stattfinden sollte, bei der die endgültigen Festsetzungen getroffen werden sollten. Auf jeden Fall sollte in der Frühe des 5. April schon die vollendete Tatsache geschaffen sein.

Landauer und ich zogen uns nun gesondert in ein Restaurant zurück, wo wir die Proklamation entwarfen. Ich verhehlte dabei Landauer nicht meine Befürchtung, daß die Begeisterung des Proletariats durch die Liste der Volksbeauftragten, ganz besonders durch den Namen Schneppenhorst, sehr beeinträchtigt werden könne. Landauer dachte darüber sanguinischer. Er meinte, die Ereignisse in Ungarn hätten bei uns gerade auch die revolutionären Arbeiter davon überzeugt, daß die Einigung des Proletariats möglich und notwendig sei. Die Mitwirkung der Rechtssozialisten beweise, daß auch sie wie ihre Gesinnungsgenossen in Budapest erkennen, daß ihnen kein anderer Weg mehr offen bleibe, als die Annahme unserer Postulate, und was die Namen anlange, so sei es vollständig gleichgültig, wer unterzeichne. Indem das Proletariat selbst die Macht übernehme, könne es ja jeden Moment diejenigen Personen, die ihm nicht passen, durch seine Vertrauensleute ersetzen.

An die Möglichkeit, daß etwa die KPD sich grundsätzlich ablehnend verhalten könne, dachte kein Mensch. Wir alle wußten, mit welcher Leidenschaftlichkeit das Münchener Proletariat Tag für Tag nach der Räterepublik rief, und so übersahen wir die Gefahr, die eine so willkürliche Form der Ausrufung, wie sie jetzt geplant war, in sich schloß. In der Sache selbst war mein Gedankengang so: Der Moment ist gegeben, wie er kaum wiederkehren wird: Generalstreik in Augsburg mit der strikten Forderung des Proletariats, zugleich Bruch des Übereinkom-

mens mit dem Rätekongreß durch die Bourgeoisie. Das Proletariat unter dem frischen Eindruck der ungarischen Vorgänge. In Braunschweig und Thüringen Unruhen mit der ausgesprochenen Tendenz zur bolschewistischen Rätediktatur. Benutzen wir die Situation, dachte ich mir, so ist Österreich zwischen den beiden Räterepubliken Ungarn und Bayern eingeklemmt. Das wird den Einfluß der Bauer und Adler brechen, und die Brücke wird hergestellt sein; wenn zugleich in Braunschweig und Mitteldeutschland Inseln entstehen, so wird unser Vorgehen auch das Signal zur allgemeinen deutschen Revolution geben, und die Herrschaft Ebert–Scheidemann–Noske muß zersplittern. Ich sah also in der Etablierung der Räterepublik in Bayern ein eminent bedeutungsvolles Ereignis für die Weltrevolution.
Am Abend waren etwa 150 Personen im Sitzungssaal des Kriegsministeriums versammelt, darunter viele Mitglieder des RAR (unter denen, wie gesagt ein starker Teil der Kommunistischen Partei angehörte), offizielle Vertreter der MSP, der USP, der Gewerkschaften, die Minister Schneppenhorst, Simon und Steiner (Landwirtschaftsminister), eine starke Abordnung des Bauernrates, Vertreter der Soldatenräte, Stadtkommandant, Polizeipräsident usw. Die KPD war als solche offiziell nicht vertreten trotz dringender Einladung. Niekisch als Verhandlungsleiter erstattete Bericht. Über die Unvermeidlichkeit der Aktion bestand zunächst Einigkeit. Der Vertreter der Bauernschaft, Gandorfer, teilte die Bedingungen mit, unter denen seine Freunde sich beteiligen würden. Die brenzlichste unter ihnen verlangte, daß Grundbesitz unter 1000 Tagwerk vorerst nicht sozialisiert werden dürfe. Man war, da ein Arbeiten gegen die Bauernschaft ganz ausgeschlossen schien, gezwungen, die Forderungen der Bauern anzunehmen. (Übrigens haben sich nach dem 13. April auch die Kommunisten diesen Bedingungen gefügt.) Ich hielt es für notwendig, den anwesenden Sozialpatrioten und lahmen Unabhängigen mit aller Deutlichkeit zu Gemüte zu führen, daß die Errichtung der Räterepublik nicht die Änderung einer Firma, sondern die völlige Verwandlung des Systems bedeute und setzte in einer längeren Rede auseinander,

daß es nun gelte, wie in Ungarn alle Konsequenzen aus der Lage zu ziehen und das unzweideutige Bekenntnis zum Kommunismus abzulegen. Während ich die nächsten Maßnahmen erörterte, darunter die Errichtung einer Roten Armee, die Einsetzung eines Revolutionstribunals, die sofortige Nationalisierung der Banken usw., wurde ich von einem Gewerkschaftsführer durch den Zwischenruf unterbrochen: »Mir graut, aber ich mache mit.« Mir schien darin die Erkenntnis der Schwäche dieser Leute zu sprechen, zugleich aber auch der ehrliche gute Wille, sich ins Unabänderliche zu fügen. Während der weiteren Verhandlungen erschienen drei mir unbekannte Männer im Saal, und der Vorsitzende teilte mit, daß eine Delegation der KPD das Wort verlange.
Zuerst sprach Genosse Schuhmann. Er erklärte zur grenzenlosen Überraschung sämtlicher Anwesenden, seine Partei protestiere gegen die Ausrufung der Räterepublik, die dieses Konventikel gar nicht beschließen dürfe, sondern die vom Rätekongreß angenommen werden müsse. Ich übernahm es, ihm sowie den beiden andern Sprechern der Partei zu antworten. Zunächst setzte ich noch einmal die Gründe auseinander, die schleuniges Handeln verlangen, erinnerte daran, daß sich der Rätekongreß als rückständige und willenlose Körperschaft erwiesen habe, und daß der Zentralrat es sei, von dem jetzt die Initiative ausgehe, also durchaus die Instanz, die berufen sei, ein Provisorium zu schaffen, zu dem dann ein neuer auf Grund revolutionärer Rätewahlen einzuberufender Kongreß endgültig Stellung nehmen müsse. Als zweiter Redner der KPD behauptete Genosse Dietrich, die Massen seien gegen die Proklamation der Räterepublik. Er erregte damit das Gelächter der Versammlung, und ich erwiderte, daß diese Äußerung zeige, wie fremd er noch den Verhältnissen in Bayern gegenüberstehe, da seit Eisners Ermordung die Räterepublik die unausgesetzte laute Forderung des Proletariats sei, wobei ich auch an die drohende Demonstration gegen den Rätekongreß am 28. Februar erinnerte. Dann erhielt »Genosse Niessen« das Wort, ebenfalls ein allen Anwesenden gänzlich Unbekannter, dessen Identität mit Eugen Leviné erst

einige Tage später bekannt wurde. Seine Ausführungen waren weitaus ernster zu nehmen als die seiner Vorredner. Alle Argumente, die er ins Feld führte, richteten sich gegen ein Zusammenwirken mit den Sozialpatrioten. Er verwies auf die verräterische Haltung der Sozialdemokraten in Berlin, in Hamburg, vor allem in Bremen, griff den anwesenden Minister Schneppenhorst und den Stadtkommandanten Dürr persönlich so scharf an, daß unter den Mehrheitlern großer Unwille entstand und Schneppenhorst selbst beinahe handgreiflich geworden wäre. Meine Antwort lautete dahin, daß ich das Mißtrauen gegen die Mehrheitspartei vollkommen teile, daß es mir aber doch unzulässig erscheine, aus dem Verhalten dieser Partei in Norddeutschland ohne weiteres Analogieschlüsse zu ziehen, und Leute als Verräter zu bezeichnen, ehe sie bewiesen hätten, daß sie welche seien. Im übrigen sei jedoch meine Meinung, daß, wenn jetzt ein neuer provisorischer Zentralrat und ein Rat der Volksbeauftragten bestimmt werde, das für das Proletariat keineswegs bindend sei. Ich wünschte, daß morgen, gleich nachdem das Ereignis bekanntgegeben sei, die Massen auf der Theresienwiese zusammenkämen, uns allesamt zum Teufel jagten und das Weitere aus eigenem Ermessen den Personen übertrügen, denen sie Vertrauen entgegenbrächten. Daß jedoch ein Zusammengehen aller Parteien und sozialistischen Richtungen durchaus dem Wunsch des Proletariats entspreche, müsse ich nach dem Beweise, den Ungarn zur Zeit für die Möglichkeit dieser Einigung biete, bestimmt annehmen. Darauf verließ die Deputation den Saal.

Die Erregung über diesen unerwarteten Zwischenfall war außerordentlich. Allgemein, auch unter den der KPD angehörenden Mitgliedern des RAR, hörte man die Ansicht, daß diese drei Männer, die niemand kannte, die auch mir bei meinem früheren engen Zusammenwirken mit der Partei völlig fremd waren, unmöglich die Auffassung der kommunistischen Arbeiterschaft Münchens ausdrückten, und daß sie, die einen Parteivorstand repräsentierten, der ohne Fühlung mit dem Proletariat sei, nur deswegen opponierten, weil sie die Räterepublik zu einer ihnen genehmen Zeit als reine Parteiaktion proklamieren wollten. Man fragte sich: Warum ist niemand trotz der dringenden Aufforderung zur Nachmittagssitzung gekommen? Warum schickt man jetzt statt Levien oder einen andern, jedem bekannten Parteigenossen diese drei eben von Norddeutschland herdirigierten Leute? Wer sind die drei? Wer ist es in Wirklichkeit, der sie bevollmächtigt hat? Über einen Punkt hatte keiner einen Zweifel: daß die kommunistische Arbeiterschaft im Augenblick, wo die Ausrufung der Räterepublik Tatsache wäre, eine negative Parole ihrer Führer einfach ignorieren und sich über die Köpfe der Parteileitung hinweg beteiligen und an der Spitze marschieren werde. Es ist auch heute noch meine Überzeugung, daß die Ausführung unserer Absicht, in der Frühe des 5. April die Proklamation zu veröffentlichen, die Arbeiterschaft in völlig einiger Begeisterung hinter uns geführt hätte (was natürlich nichts gegen die prinzipielle Richtigkeit der Ablehnung durch die KPD besagt).

Die erste Folge des Auftretens der Kommunisten stellte sich sofort ein. Die Sozialdemokraten erklärten, daß durch die Gefährdung der Einigkeit, die Voraussetzung ihrer Mitwirkung gewesen sei, eine neue Situation geschaffen sei und verlangten, – etwa um Mitternacht – die Unterbrechung der Sitzung für eine Viertelstunde. Sie zogen sich zurück. Als sie nach einer vollen Stunde noch nicht im Saal waren, wurde die Verhandlung ohne sie fortgesetzt. Endlich erschienen sie. Die Vermutung, sie würden jetzt ihre Beteiligung verweigern, erwies sich als falsch. Für diesen Fall wollte Landauer die Proklamation kurzerhand durch den RAR vorschlagen. Durch den Mund Schneppenhorsts ließen die Herren verkünden, daß sie einen Aufschub der Proklamation um 48 Stunden verlangten, um inzwischen die Provinz vorzubereiten. Es sei zu befürchten, daß das Militär in Nordbayern sich zu reaktionären Handlungen aufputschen lasse. Deshalb müsse er (Schneppenhorst) zunächst nach Nürnberg reisen. Da er das II. und III. bayerische Armeekorps völlig in der Hand habe, könne er dann garantieren, daß ganz Nordbayern treu zur Räterepublik stehen werde. Wir Radikalen protestierten mit der äußersten Heftigkeit gegen die Verschleppung, besonders scharf wandte sich Landauer dagegen mit der Begründung, daß nur die Überrumpelung der Bourgeoisie rasche Sicherungsmaßnahmen der Reaktion verhindern könne. Er deutete übrigens an, daß er nun auch ein gewisses Mißtrauen gegen die Ehrlichkeit Schneppenhorsts gefaßt habe, und ermahnte diesen, daß man ein ausgesprochenes Wort nicht in seinen Mund zurückrufen könne. Schneppenhorst bekräftigte seine Zuverlässigkeit durch den Ausspruch, er verpfände seinen Kopf dafür, daß er in Nürnberg nur für die Räterepublik wirken werde. Eine starke Unterstützung in unserer Forderung, ohne Aufschub zu handeln, fanden wir in einem Bauernrat, dem Redakteur Kübler, der in einer ausgezeichneten Rede ganze und rasche Arbeit forderte. Die Mehrheitler wurden jedoch unterstützt von einigen rechten Unabhängigen. Der einzige, der aus der Situation den Schluß zog, man solle die ganze Aktion um einige Wochen vertagen, war Dr. Wadler, der sich dafür den Unwillen von allen Seiten zuzog. Die Abstimmung ergab eine Mehrheit für die Vertagung um 48 Stunden. Ich sah in diesem Augenblick mit großer Deutlichkeit die Gefahr, die in dieser Verzögerung lag und wollte jetzt noch auf Landauers Anregung zurückkommen, nämlich den »Revolutionären Arbeiterrat« veranlassen, die Sitzung zu verlassen, sich sofort mit der KPD in Verbindung zu setzen, um in Gemeinschaft mit ihr in der Frühe des Tages ein fait accompli zu schaffen. Leider brachte mich Landauer wieder von dieser Idee ab. Wie ich die Dinge heute rückschauend ansehe, war es der einzige Weg, aus einer verfahrenen Situation mit einer revolutionären Tat herauszukommen. Die revolutionäre Vorhut des Proletariats hätte einig gehandelt, und dem Verrat wäre von Anfang an kräftig vorgebeugt worden. Wir fügten uns also dem Beschluß.

Die am Nachmittag festgesetzte Liste der Volksbeauftragten wurde nun zunächst kassiert, und es wurde beschlossen, die 48 Stunden möglichst gründlich zur Bearbeitung der Provinz zu benutzen. Gleich in der Frühe des Tages sollten Delegierte ins Land gesandt werden, um alles vorzubereiten. Nach Nürnberg wurde außer Schneppenhorst noch der Unabhängige Minister

Simon geschickt, und ich erhielt den speziellen Auftrag, ebenfalls dorthin zu fahren, um mit der Nürnberger Ortsgruppe der KPD über deren Mitwirkung zu verhandeln und sie womöglich zu bewegen, einen Volksbeauftragten zu stellen.
Die Sitzung wurde erst spät in der Nacht beendet. Ich mußte von dort noch mehrere entfernt wohnende Genossen in dem einzigen Auto, das zur Verfügung stand, heimbegleiten, dann auf der Polizei Fahrtausweise besorgen und telefonisch reservierte Eisenbahnplätze bestellen. So kam ich erst gegen 5 Uhr früh heim. Um 8 Uhr saß ich bereits im Schnellzug nach Nürnberg, und zwar im gleichen Abteil, in dem auch Schneppenhorst und Simon fuhren. Es befanden sich noch weitere Delegierte bei uns, u. a. die Genossen Hagemeister und Sauber, die nach Würzburg geschickt wurden. Politische Gespräche wurden unterwegs so gut wie nicht geführt. Nur erinnere ich mich, daß Schneppenhorst die Bedingungen der Bauern kritisierte und die Schonung der Grundstücke unter 1000 Tagwerk als eigennützige Forderung Gandorfers denunzierte, dessen Besitz 800 Tagwerk groß sei. – In Nürnberg wurde ich von den telefonisch verständigten Genossen der KPD am Bahnhof abgeholt. Ich habe von dem Augenblick an, als die Genossen mich begrüßten, Schneppenhorst erst im Juli im Gerichtssaal wiedergesehen.
In Nürnberg blieb ich den ganzen Tag in Gesellschaft der Genossen. Ich wurde in der Wohnung eines von ihnen aufgenommen, wo Telefon war, und die Ausschußmitglieder der Ortsgruppe wurden hier zu einer Sitzung zusammengerufen, zu der ich zugezogen wurde. Zunächst erkundigte ich mich nach der Persönlichkeit Schneppenhorsts. Der Bescheid, den mir die Genossen über seine moralischen und politischen Qualitäten gaben, war derartig, daß ich sofort an den RAR telefonierte, daß Schneppenhorsts an der Organisation der Räterepublik unter keinen Umständen und an keinem Posten zugelassen werden dürfe. Ich müsse meine Beteiligung am Ganzen davon abhängig machen. Alsdann formulierten die Genossen unter meinem Beistande die Minimalforderungen der Ortsgruppe Nürnberg der KPD. Sie entsprachen fast wörtlich den nachher von der USP

(Toller) eingebrachten Forderungen. Ich verpflichtete mich persönlich, diese Bedingungen als die meinigen anzuerkennen. Am Abend desselben Tages reiste ich in Gesellschaft Tollers, der zufällig in Nürnberg war und über die Münchener Ereignisse erst von mir unterrichtet wurde, nach München zurück, in der Gewißheit, daß die Nürnberger Kommunisten eine völlig entgegengesetzte Auffassung hatten als die Münchener Führer, und daß am folgenden Tage zwei von ihnen zur persönlichen Information nach München kommen würden. – Ich fand, als ich in später Nacht ins Wittelsbacher Palais kam, dort noch eine Anzahl von Genossen versammelt und erfuhr von ihnen, daß Wadler die bevorstehende Proklamation in einer öffentlichen Versammlung angekündigt habe, was mit jubelnder Begeisterung aufgenommen worden sei.
Nach sehr kurzem Nachtschlaf mußte ich am Morgen des 6. April an einer Sitzung des »Revolutionären Arbeiterrats« teilnehmen, wo die Stimmung auch bei den Mitgliedern der KPD sehr optimistisch war. Ich erfuhr, daß soeben in einem öffentlichen Saal eine Generalversammlung der KPD stattfinde und ging in Begleitung eines alten Genossen der Partei dorthin. Obwohl ich ja kein Mitglied war, wurde ich von den Aufsicht fuhrenden Genossen mit einem Scherzwort ohne Umstände eingelassen. Im Saal mögen etwa 600 Personen anwesend gewesen sein. Ich ging, während Genosse Niessen (Leviné) sprach, zum Vorstandspodium hinauf und bat Levien, mir außer der Reihe das Wort zu erteilen, da ich der Versammlung eine wichtige Meldung von ihren Nürnberger Parteigenossen zu überbringen habe. Zu meinem Erstaunen machte Levien zuerst große Schwierigkeiten und protestierte dagegen, daß ich in eine geschlossene Mitgliederversammlung eingedrungen sei. Ich verlangte jedoch, daß die Mitglieder darüber entscheiden sollten, ob ich angehört werde. Als Niessen geendet hatte, teilte Levien der Versammlung mit, daß ich da sei, obwohl ich nicht eingeschriebenes Mitglied sei. »Mühsam ist mein persönlicher Freund, aber mein politischer Gegner«, erklärte er zur allgemeinen Überraschung. Die Versammlung gab durch lautes Murren und durch Rufe ihren Willen

kund, mich zu hören. So erhielt ich das Wort und gab Bericht über meine Nürnberger Mission. Ich erzählte dabei, welche Mitteilung ich über Schneppenhorst empfangen habe, verlas die Bedingungen der Nürnberger KPD-Ortsgruppe und erklärte, daß meine Mitwirkung nur in Frage komme, wenn diese Bedingungen erfüllt und die Person Schneppenhorsts von jeder öffentlichen Betätigung entfernt würde. Der starke Beifall, der meiner Rede folgte, bewies mir, daß die Mitglieder der KPD keinesfalls der Meinung seien, die die Deputation der Partei im Kriegsministerium vertreten hatte.

Nach mir wurde das Wort wieder dem Genossen Niessen erteilt, der mich heftig angriff und mir vorwarf, daß ich tags zuvor mit demselben Schneppenhorst, den ich jetzt herunterkanzle, nicht bloß gemeinsame Sache gemacht, sondern sogar zu gemeinschaftlicher Agitation mit ihm nach Nürnberg gereist sei. Ich suchte diese Entstellung durch Zwischenrufe zu berichtigen erreichte aber nur, daß sie in noch weit gröberer Form von neuem behauptet wurde. Das erregte mich dermaßen, daß ich meine Nerven verlor. Ich fühlte meine reine Sache vor den nächsten Genossen, die ich zuerst überhaupt revolutionär aufgeklärt hatte, besudelt und verließ in großer Erregung den Saal. Damit beging ich den entscheidendsten Fehler. Wäre ich geblieben, so wäre mir gewiß Gelegenheit gegeben worden, meine Haltung gerade Schneppenhorst gegenüber voll zu rechtfertigen, und auch Genosse Leviné hätte sich sicher überzeugt, daß er falsch unterrichtet war, und daß ich in Nürnberg nicht gemeinsame Sache mit Schneppenhorst machte (mit dem ich rein zufällig im selben Kupee gefahren war), sondern mit seinen eigenen Parteigenossen von der KPD. Übriggeblieben wäre die sachliche Differenz, und bei der großen Beliebtheit, die ich bei den Kommunisten genoß, wäre, auch wenn wir zu keiner Einheitlichkeit im Handeln gekommen wären, der Konflikt auch in den folgenden Tagen in weniger erbitterter Form ausgetragen worden. So aber ließ ich mich von meiner durch Überanstrengung und Übermüdung gesteigerten Reizbarkeit verleiten, fortzugehen und erweckte dadurch bei den Genossen selbst den Ver-

dacht, aus Schuldgefühl der Rechtfertigung gegen die Vorwürfe Niessens auszuweichen. Ich selbst war mir jedoch über diese Wirkung meines Verhaltens keineswegs im klaren, glaubte im Gegenteil nach der Zustimmung der KPD-Mitglieder zu meiner Rede, und nach der Unruhe, mit der die Reden der Genossen Levien und Niessen angehört waren, daß die Masse der kommunistischen Proletarier die Weigerung ihrer Führer nicht billigten und die Beteiligung an der Räterepublik erzwingen würden.
Am Abend dieses Tages (Sonntag) trat die Versammlung vom Freitag abend in etwas anderer Zusammensetzung im Wittelsbacher Palais, und zwar im Schlafzimmer der früheren Königin, wieder zusammen, um die endgültige Proklamation der Räterepublik vorzunehmen. Von den Ministern der Mehrheitspartei war keiner mehr dabei. Es hatte inzwischen in München ein sozialdemokratischer Gautag getagt, dessen Abstimmung über die Beteiligung ein zweifelhaftes Resultat ergeben hatte. Ob sich die Herren Segitz und Endres deswegen unsicher gefühlt haben, oder ob sie gleich ihrem Kollegen Schneppenhorst bereits direkt am Werke der Gegenrevolution arbeiteten, bleibe dahingestellt. Die Partei war nur durch einige weniger prominente Funktionäre vertreten, die sich ziemlich schweigsam und abwartend verhielten. Dagegen hatte die USP ihre aktivsten Führer geschickt, und Toller, der schon im Rätekongreß zum Nürnberger Kompromiß in Opposition gestanden und nachträglich einen Mißbilligungsbeschluß dagegen in einer Münchener Parteiversammlung durchgedrückt hatte, trat als ihr Hauptwortführer auf. Der »Revolutionäre Arbeiterrat« war fast vollzählig da, und eine Anzahl seiner der KPD angehörenden Mitglieder erklärten, auch über einen Parteibeschluß hinweg mitarbeiten zu wollen. Die beiden von Nürnberg erwarteten Genossen erschienen zwar, aber nur, um mir persönlich mitzuteilen, daß sie nach Rücksprache mit den führenden Münchener Kommunisten ihre Zustimmung zurückziehen müßten.
Ich hatte mir inzwischen überlegt, daß angesichts des Mißtrauens der Kommunisten noch weiterreichende Sicherungen getroffen werden müßten, als sie in Nürnberg vereinbart waren und als

ich den kommunistischen Genossen garantiert hatte. Ich verlangte daher für meine eigene Person über die Ablehnung Schneppenhorsts hinaus, daß kein einziger Mehrheitssozialist und kein einziges Mitglied des bisherigen Ministeriums – auch die Unabhängigen nicht – in den Rat der Volksbeauftragten aufgenommen werden dürfe. Da mein Einfluß auf den RAR bekannt war und es jedem einleuchtete, daß die Abstinenz dieser Körperschaft die ganze Aktion zersprengen würde, erklärte Niekisch, daß die Sache nicht an Personenfragen scheitern dürfe. Mit Ausnahme der Bauernvertreter, deren Auswahl dem Bauernrat überlassen werden sollte, wurde daher meinem Verlangen gemäß entschieden. Es wurde alsdann die Umkonstituierung des provisorischen Zentralrats vorgenommen, dessen Vorsitzender Niekisch blieb, der aber durch Delegierung von 6 Mitgliedern des RAR ein entscheidendes Übergewicht nach links erhielt. Die Wahl der Volksbeauftragten war überaus schwierig, und nur die Betonung des provisorischen Charakters aller vorläufigen Maßnahmen ließ die Verlegenheits-Improvisation erträglich erscheinen. Für die auswärtige Politik wurde wieder Mühlon vorgeschlagen. Ich erreichte durch den Hinweis darauf, daß dieser Posten von einem Mann besetzt werden müsse, der unbedingtes Vertrauen in Rußland und Ungarn besitze, seine Ablehnung. Darauf empfahl der RAR mich. Es wurde die Befürchtung ausgesprochen, daß ich eine zu aggressive Politik gegen das Ebertsche Deutsche Reich treiben würde, und da ich die größte Rücksichtslosigkeit gegen diese Bourgeoisie-Republik noch ausdrücklich empfahl und für den Fall meiner Wahl versprach, fiel auch ich durch. Darauf präsentierte die USP aus ihren Reihen einen Genossen Dr. Lipp, der außer seinen Parteigenossen fast niemandem bekannt war. Da seine außerordentliche Bewandertheit in der internationalen Politik sehr gerühmt wurde, da er selbst sich als unbedingter Anhänger des Sowjetsystems bekannte, und da man sonst nicht wußte, wen man wählen sollte, wählte man ihn auf Verantwortung der USP. Für das Innere wurde der Unabhängige Soldmann bestimmt, da er als links orientiert galt. Für den Verkehr an Stelle des bürgerlichen Herrn v. Frauendorfer, den Eisner als Fachmann in sein Kabinett geholt hatte und der bis jetzt auf seinem Posten geblieben war, Genosse Paulukum, der, obwohl unabhängig organisiert, eines der radikalsten Mitglieder des RAR war. Für die Justiz erwählte man in Ermangelung eines Geeigneteren das Mitglied des Bauernrats Kübler, dessen Rede im Kriegsministerium ihm Vertrauen bei den Revolutionären erworben hatte. Das Finanzressort zu übernehmen hatte Professor Jaffé energisch abgelehnt, wie er überhaupt die Beteiligung an der Räterepublik vorläufig verweigerte. Landauer und ich schlugen den Physiokraten Silvio Gesell vor, dessen umfassendes Wissen auf dem Gebiete des Geldwesens und dessen lautere anarchistische Gesinnung uns bekannt war. Überdies schien uns die Praktizierung seiner Freigeldtheorie bei gleichzeitiger Nationalisierung der Banken ein besonders wirksames Mittel, die Ausbeutung und den Zinswucher beschleunigt unmöglich zu machen. Die Mehrheitler sagten zu allem Ja und schluckten auch diesen Brocken, wie sie schon den von der USP eingebrachten, sich mit den Nürnberger Forderungen in allem Wesentlichen deckenden kommunistischen Grundsätzen zugestimmt hatten. Für die Volkswohlfahrt wurde Genosse Hagemeister gewählt, der noch nicht von Würzburg zurück war, für Volksaufklärung Gustav Landauer. Am schwierigsten gestaltete sich die Wahl des Volksbeauftragten für das Militärwesen. Ich verlangte mit der größten Schärfe, daß nur einem absolut zuverlässigen kommunistischen Revolutionär der Befehl über die Waffen anvertraut werden dürfe. Die Gewehre, sagte ich, schießen immer nach links. Daher darf der Mann, der über sie verfügt, links von sich niemanden mehr vorfinden. Ich hoffte immer noch, Levien werde zu bewegen sein, den Posten zu übernehmen. Vorerst jedoch mußte ein anderer gefunden werden. Wir wählten den Genossen Killer, der zwar bei der USP, aber eines der radikalsten und zuverlässigsten Mitglieder des Soldatenrats war.

In der Nacht erschien der offizielle Abgesandte der KPD, Genosse Levien. Er gab keine Erklärungen ab, sondern legte den Versammelten im Namen seiner Partei eine Reihe scharf formu-

lierter Fragen vor, die alle präzis beantwortet wurden. Ich nahm den Genossen nachher bei Seite, stellte ihm die Situation vor, wies darauf hin, daß wir die Mehrheitler aus der eigentlichen Regierung völlig herausgedrängt, ihren Einfluß im Zentralrat derart geschwächt hätten, daß sie immer in der Minorität bleiben müßten, erinnerte ihn an das Verlangen der Massen, an Ungarn, an die Gesamtlage des politischen Geschehens, die ein Zurück nahezu unmöglich mache, da es der Reaktion einen ungeheuren moralischen Halt geben müßte, zeigte ihm die Gefahr, bei der Passivität der Kommunisten Halbkommunisten kommunistische Politik treiben zu lassen und legte ihm dar, wie stark der revolutionäre Gedanke bei den Massen gekräftigt würde, wenn er als Volksbeauftragter die Bildung einer Roten Armee in die Hand nähme. Levien schien mir grundsätzlich nicht abgeneigt, meine Gedankengänge zu akzeptieren, erklärte aber, daß er erst seine Partei fragen müsse. Er ging dann und kam nicht wieder.
Es mußten nun die ersten Maßnahmen für die Proklamation selbst getroffen werden. Ein Aufruf an das Proletariat wurde abgefaßt (meines Wissens von Niekisch), unter den ich auf Verlangen auch meine Unterschrift setzte. Dieser Aufruf hatte eine unglückliche Fassung, die noch mehr an allem verdarb, als schon verdorben war. Der Montag (7. April) wurde zum »Nationalfeiertag« erklärt, woran die Kommunisten natürlich gleich einhakten, um eine Verletzung unserer Internationalität daraus zu machen. Ferner wurde das Standrecht proklamiert. Landauer hatte das verlangt, aber zugleich dargelegt, daß der Ausnahmezustand selbstverständlich nur für die Bourgeoisie Geltung haben solle, um die proletarische Diktatur deutlich zum Ausdruck zu bringen. Diese Einschränkung wurde aber im Wortlaut übersehen, so daß am anderen Tage die Arbeiterschaft glaubte, unter Standrecht zu stehen. – Ferner sollte sofort ein gleichlautendes Funkentelegramm nach Budapest und Moskau aufgegeben werden. Ich bekam den Auftrag, es abzufassen und mit Dr. Lipp zusammen für den Zentralrat zu zeichnen. – Die Zeitungen wurden noch in der Nacht besetzt. Endlich wurde verfügt, daß um 12 Uhr mittags die Glocken geläutet werden sollten, und daß

um diese Zeit auf allen öffentlichen Plätzen ein Redner zur Bevölkerung sprechen sollte. Die Stillegung der Arbeit für den nächsten Tag wurde ebenfalls sofort beschlossen und durch Anschläge bekanntgegeben. Noch in der Nacht stellte sich heraus, daß der Verrat sich bereits jetzt in dem Umkreis der neuen Regierung eingenistet hatte. In den Morgenstunden wurde die ausgelegte Präsenzliste vermißt. Sie fand sich nicht wieder, obwohl eine Taschenvisitation bei den Anwesenden vorgenommen wurde.

Ich übernahm es, die Funksprüche persönlich aufzugeben und kam damit gegen 7 Uhr früh am Montag beim Funkenturm an. Die Führer der Funkerabteilung riefen, nachdem die Telegramme abgesandt waren, alle Mannschaften zusammen, und ich mußte eine Ansprache halten, die mit großem Jubel aufgenommen wurde. Gegen 9 Uhr kam ich endlich zuhause an, mußte jedoch schon um 12 Uhr an einem der Hauptplätze Münchens sein, um zu sprechen. Meine eigene Begeisterung war schon durch den bisherigen Gang der Sache stark niedergedrückt worden. Als ich jetzt die Stimmung in der Münchener Bevölkerung beobachtete, ging sie in Pessimismus über. Wohl war das Leben bewegter als gewöhnlich, aber es lag eine gewisse Schwüle über der Atmosphäre, eine beängstigende Stille, die auf argwöhnisches Abwarten schließen ließ. Am Stachus bestieg ich eine Bank. Eine große Menschenmenge drängte sich um mich, aus der zunächst antisemitische Rufe laut wurden. Die Reaktion hatte schon die Witterung, daß das Proletariat uneinig geworden sei und traute sich trotz der Standrechtsverkündigung vor. Unter der Menge bemerkte ich bald einen KPD-Genossen vom RAR, der meine Rede, lebhaft assistiert von den nationalen Studenten, dauernd durch Zwischenrufe unterbrach und die Menge aufforderte, dieser Räteregierung die Gefolgschaft zu verweigern. Die Festrede, die ich halten sollte, verwandelte sich in eine Rechtfertigungsrede. Es traten Diskussionsredner gegen mich auf, nämlich der erwähnte RAR-Genosse und dann ein älterer Mann, der die Behauptung aufstellte, ich habe während des Krieges Gedichte auf den deutschen Kaiser gemacht. Als ich den Verleumder aufforderte, Beweise zu erbringen, weigerte er sich. Ich verlangte dann, er solle sich legitimieren, was er erst unter dem Druck der Umstehenden tat. Dann nahm er alles zurück. Die ganze Situation war äußerst unerquicklich. Ein großer Teil der Umstehenden nahm zwar entschieden für mich Partei, geleitete mich dann zu einem Auto und bereitete mir bei der Abfahrt eine Ovation. Aber ich hatte das bittere Gefühl, mich in ein schlimmes und dummes Abenteuer eingelassen zu haben, wenngleich ich immer noch nicht einsah, worin mein eigener Fehler lag und die ganze Schuld am Ausgleiten der Revolution dem Verhalten der KPD zuschob.

Am Nachmittag trat der neue provisorische Zentralrat im Landtagsgebäude zusammen. Die Diskussion drehte sich darum, wie die Einigkeit des Proletariats zu erreichen sei. Das Verhalten der KPD wurde allgemein damit erklärt, daß sie statt einer Rätediktatur, wie wir sie durch die Anberaumung der Neuwahl sämtlicher Räte raschestens herbeiführen wollten, die Diktatur ihrer Partei erstrebe und deshalb jede Aktion, die nicht ihrer Initiative entspränge, von vornherein zu sabotieren versuche. Während einzelne Redner rieten, die Partei links liegen zu lassen und nötigenfalls auch gegen sie zu operieren, verlangte der RAR mit größter Entschiedenheit, daß eine Verständigung mit der KPD, koste es was es wolle, herbeigeführt werden müsse, da wir einen Kampf gegen die besten Kräfte der Revolution unter keinen Umständen mitmachen könnten. Man wußte, daß zu gleicher Zeit in einem großen Saale eine öffentliche Versammlung der KPD stattfand, und ich erhielt den Auftrag, mit noch zwei Genossen vom RAR hinzufahren und zu verhandeln. Vor allen Dingen sollte ich die Bedingungen ermitteln, die die Partei stelle, um sich zu beteiligen. In der Erwartung, man werde die Ausschließung der Mehrheitler und Gewerkschaftsführer aus dem Zentralrat, die Neubenennung des Rats der Volksbeauftragten und vielleicht die sofortige Einberufung des Rätekongresses fordern und in der festen Absicht, die Forderungen der Partei zu meinen eigenen zu machen, kam ich in der Versammlung an und ging, während Genosse Leviné sprach, aufs Podium. Kaum jedoch hatte die Menge mich bemerkt, als ein ungeheurer Lärm entstand. Ich hörte Rufe wie Verräter! Schuft! Volksbetrüger! etc. und wurde tätlich insultiert. Unter dem Schutz einiger Genossen, die nicht alle Besinnung verloren hatten, gelangte ich hinaus und entging der Gefahr, zerrissen zu werden. Einer meiner Begleiter wurde schwer mißhandelt (übrigens selbst ein Mitglied der KPD). Dieser Vorfall machte einen niederschmetternden Eindruck auf mich, da ich mit einer solchen Stimmung im Proletariat überhaupt nicht gerechnet hatte. Es stellte sich nachher heraus, daß den Arbeitern eingeredet worden war, ich sei mit Schneppenhorst nach Nürnberg gefahren, um mit ihm das nordbayerische Militär gegen das Münchener Proletariat scharf zu machen.

So waren alle Versuche, mit den führenden KPD-Genossen auch nur zu einer Aussprache zu kommen, gescheitert. Sie waren am Nachmittag des 4. April, als ein Wort von ihnen genügte, um die ganze Aktion hinfällig zu machen, nicht erschienen, hatten am Abend drei völlig unbekannte Genossen entsandt, die für die Weigerung der Partei ein paar so unzutreffende Argumente ins Feld führten, daß niemand glaubte, daß sie damit den Willen der Massen ausdrückten, hatten in der entscheidenden Nachtsitzung zum 7. April Levien statt mit Forderungen mit Fragen vorgeschickt und hatten nun, als es schon völlig unmöglich war, etwas rückgängig zu machen, den besten Teil des Proletariats in wilden Haß gerade gegen die revolutionärsten Teilnehmer der Aktion versetzt. Ich war nach dem Empfang in der Versammlung nahe daran, alles hinzuwerfen, mich vollkommen zurückzuziehen und den Dingen ihren Lauf zu lassen. Die Freude an der Arbeit war mir gründlich vergällt. Schließlich siegte aber in mir die Erwägung, daß ich jetzt nicht fahnenflüchtig werden dürfe. Landauer, mit dem ich sonst in fast allen Dingen einig ging, stand der kommunistischen Partei ganz anders gegenüber als ich. Ihn verband nicht mit ihr die lange gemeinsame Arbeit, und er glaubte nicht, daß hinter der Partei wirklich starke Schichten des revolutionären Proletariats ständen. Er nahm daher den Widerstand der Partei an und für sich nicht so schwer wie ich. Den

Mehrheitlern und einem Teil der Unabhängigen war dieser Widerstand geradezu angenehm. Sie glaubten dadurch die Möglichkeit zu gewinnen, mit ihrem Hang zu reformistischer Politik im Zentralrat durchzudringen. Vor allem erhielten die Sozialdemokraten bei allen Vorhaltungen wegen der Verrätereien einzelner ihrer Parteigenossen, die jetzt schon bemerkbar wurden. Gelegenheit sich darauf hinauszureden, daß ihre Zusage von vornherein auf der Voraussetzung fußte, daß das Proletariat geeinigt vorgehe. Da sich die KPD ausschließe, fühlten auch sie sich nicht mehr gebunden. Es steht für mich zweifellos fest, daß es diesen Herrschaften, falls die KPD, eine andere Stellung eingenommen hätte, nicht möglich gewesen wäre, derartig zu schaden, wie sie taten und alle durchgreifenden Beschlüsse, die sie selbst mit annehmen halfen, bei der Ausführung zu sabotieren.
Die Wirkungen des Fernbleibens der KPD, wurden überall spürbar. Der »Revolutionäre Arbeiterrat«, der bisher stets geschlossen gehandelt hatte, zersplitterte, da die KPD die ihr angehörenden Mitglieder des RAR aufforderte, auszutreten. Ein Teil fügte sich nicht, so daß unter der Anhängerschaft der KPD selbst schwere Konflikte entstanden. Das war auch unter den Massen der Fall. Sehr viele Kommunisten bekannten, daß sie die Haltung der Partei mißbilligten und traten aus oder handelten gegen die Weisungen der Zentrale. Aus der Provinz wurden die gleichen Erscheinungen gemeldet. So trat in der KPD Nürnberg am ersten Tage der Riß ein. Schlimmer war aber, daß die offene Uneinigkeit im revolutionären Proletariat die Haltung der Soldaten ungünstig beeinflußte. Ich habe später z. B. erfahren, daß in Nürnberg ein Korpsführer mit 2000 Mann sich den Kommunisten für alle Eventualitäten zur Verfügung gestellt hatte. Am Tage darauf erklärte der Mann, daß er und seine Leute angesichts der Tatsache, daß die Kommunisten selbst sich der Räterepublik feindlich gegenüberstellten, sich ihre Stellung vorbehalten müßten. Schneppenhorst bearbeitete die Soldaten mit dem Argument gegen die Räterepublik, daß die Kommunisten ja selbst den Schwindel nicht mitmachten, und konnte damit reaktionäre Geschäfte machen.

Ich sah infolge aller dieser Dinge ein, daß ich unbedingt auf meinem Platz aushalten mußte, und keine andere Pflicht hatte, als die Politik der Räterepublik im kommunistischen Sinne zu beeinflussen und trotz allem zu versuchen, die Kommunisten noch zur Mitwirkung zu bringen, eventuell sogar sie zu unserer gewaltsamen Aushebung zu veranlassen, um selbst Ordnung zu schaffen. Der Verleumdung gegen mich trat ich in einer öffentlichen Erklärung entgegen.

Noch am Abend des 7. April kam Genosse Killer in den Zentralrat mit der Erklärung, daß er den Posten als militärischer Volksbeauftragter niederlege, da er für einen Revolutionär keine Möglichkeit sehe, gegen oder ohne die KPD eine Rote Garde aufzustellen. Es gelang erst nach einigen Tagen, an seiner Stelle das Mitglied des Landessoldatenrats Wilhelm Reichhardt zu gewinnen, der Mitglied der KPD war, dann aber wegen Disziplinverletzung ausgeschlossen wurde. (Nach der Übernahme der Macht durch die Kommunisten berief die Partei ihn jedoch wieder auf denselben Posten.)

Wie in München, so zeigte sich auch im Lande ein sehr unterschiedliches Verhalten der Arbeiterschaft. Südbayern schloß sich fast ganz der Rätebewegung an. Aus Nordbayern kamen Zustimmungstelegramme nur vereinzelt. Nürnberg, das die Bewegung im Norden tragen mußte, versagte infolge der Uneinigkeit unter den Kommunisten. Besonders schlimm war, daß Augsburg, dessen Proletariat der eigentliche Urheber von allem war, in den ersten Tagen abfiel.

Auf Wunsch des Zentralrats sollte ich dem Volksbeauftragten für auswärtige Politik zur Hand gehen und in seinem Ressort das Referat für Rußland und Ungarn übernehmen. Ich veranlaßte als Allererstes die Befreiung der immer noch in Bayern im Konzentrationslager zurückgehaltenen russischen Gefangenen, kam aber nicht mehr dazu, darüber hinaus irgendwelche Tätigkeit zu entfalten. Die nähere Beobachtung des Volksbeauftragten Dr. Lipp überzeugte mich am ersten Tage, daß ein Zusammenarbeiten mit ihm für mich unmöglich war. Ihm war offensichtlich die neue Würde in krankhafter Weise zu Kopf gestiegen, und

er beging ganz unglaubliche und höchst kompromittierende Lächerlichkeiten. Ich machte Landauer darauf aufmerksam, und da auch von andern Seiten die unqualifizierbare Politik des Mannes bemerkt wurde, veranlaßte ihn der Rat der Volksbeauftragten zum Rücktritt. Unter der Hand wurde mir jetzt der Posten von neuem angetragen. Ich lehnte aber ab, da ich mich nicht noch mehr als bisher in Gegensatz zu den Genossen stellen wollte, die ich nach wie vor als meine nächsten Gesinnungsfreunde betrachtete. Nur um die Gefangenenfrage wollte ich mich weiterhin persönlich bekümmern, wozu mir jedoch auch keine Zeit mehr blieb. Als im Laufe der Woche eine Abordnung der gefangenen Russen im Zentralrat erschien, begrüßte ich sie, und es wurde ausgemacht, daß am 15. April ein Kongreß der russischen Gefangenen unter meinem Vorsitz stattfinden sollte, bei dem mit ihnen selbst die Formen gefunden werden sollten, wie sie fortan als Gäste zu behandeln und dementsprechend, solange ihr Abtransport unmöglich sei, unterzubringen und zu beschäftigen seien. Meine Verhaftung verhinderte das Zustandekommen dieser Tagung.
Die Arbeit der Räteregierung war ungeheuer schwierig. Auf der einen Seite arbeitete die KPD mit Hochdruck gegen uns, auf der andern schlugen die Sozialdemokraten die Taktik ein, jeden noch so revolutionären Beschluß anzunehmen und seine Ausführung zu hintertreiben. Landauer war in seinem Ressort beschäftigt, und die Aufgabe, die notwendigen revolutionären Beschlüsse zu vertreten und durchzusetzen, ruhte fast allein auf meinen Schultern. Nur die paar Mitglieder des RAR standen unbedingt hinter mir. Die Unabhängigen bekundeten in allem eine Passivität, daß man verzweifeln konnte. Ich war froh, als die KPD mit der Forderung an den Zentralrat herantrat, die Funkenstation zum Verkehr mit Moskau und Budapest unkontrolliert benutzen zu können. Es war nicht einfach, ihnen die Bewilligung dazu zu erkämpfen. Es gelang mir aber, und ich hoffte nun, daß von Moskau Direktiven an die Partei gegeben würden, die sie zur Aufgabe ihrer Obstruktion und zum aktiven Eingreifen bewegen würden.

Die unausgesetzte Forderung der Mitglieder des RAR war die Bewaffnung der Arbeiterschaft, die sich indessen durch die mehrere Tage währende Vakanz des militärischen Volksbeauftragten verzögerte. Als nun bekannt wurde, daß der frühere Ministerpräsident seine ehemaligen Kollegen in Bamberg sammelte, dort eine reguläre Gegenregierung etablierte und zum militärischen Vorgehen gegen München rüstete, konnte man nicht gut mehr ausweichen, und so hieß es, es seien keine Gewehre in München vorhanden. Man sabotierte die Bewaffnung und erbitterte dadurch die Arbeiterschaft ungeheuer. Ende der Woche begründete ich einen Antrag, einen Panzerzug auszurüsten und mit dem nach Amberg in Oberfranken durchzustoßen, wo eine Gewehrfabrik ist, und also nötigenfalls mit Gewalt den Willen des Proletariats auszuführen. Man sagte zu allem Ja und Amen und tat nichts. Nach dem Palmsonntag-Putsch der Bourgeoisie fanden sich plötzlich Gewehre in Massen in München vor. Was in Wirklichkeit geschah, z. B. die Verteilung der Waffen, deren Vorhandensein man kannte, veranstalteten die revolutionären Arbeiter mit Unterstützung von nur wenigen revolutionären Regierungsangehörigen selbständig. Ähnlich verhielt es sich mit dem Revolutionstribunal. Der Bauernrat Kübler tat gar nichts (in seinem Prozeß, in dem er denn auch freigesprochen wurde, bekannte er, daß er den Posten nur angenommen habe, damit er nicht von einem Radikalen besetzt würde). Infolgedessen richtete der »Revolutionäre Arbeiterrat« von sich aus einen revolutionären Gerichtshof ein, der auch funktionierte, allerdings sehr zahm (was sich auch später unter den Kommunisten nicht änderte).
Die Sitzungen des Zentralrates waren meistens mit unnützen Redereien ausgefüllt, und die meiste Zeit ging verloren über den Widerstand, den die Bauern allen Sozialisierungsabsichten Neuraths entgegensetzten. Tatsächlich kam infolge der Verfahrenheit der Gesamtsituation trotz des guten Willens der Revolutionäre in der Regierung und obwohl die Arbeiterschaft Münchens zum weitaus größten Teil hinter der Räterepublik stand, in den 6 Tagen unserer Regierung sehr wenig Positives zustande, abgese-

hen von einigen radikalen Maßnahmen, die Landauer in den Hochschulen durchführte. Gegen den Vorwurf, daß er die Volksschulen nicht revolutionierte, wird ihn wohl die Tatsache in Schutz nehmen, daß er nur 6 Tage im Amt war. Die Schulen wurden auch in den drei Wochen nachher nicht revolutioniert, obwohl Landauer einen umfassenden Plan dafür seinen Nachfolgern vorlegte.

Worin unser Fehler bestanden hatte, als wir die überstürzte Proklamation der Räterepublik vornahmen, erkannte ich nach einem Besuch des Genossen Axelrod bei mir. Er setzte mir auseinander, daß er der Ausrufung aus dem Grunde Widerstand entgegengesetzt haben würde, weil sie ohne die genügende unterirdische Vorbereitung im Lande ins Werk gesetzt wurde. Alle Persönlichkeiten hätten überall in Bereitschaft stehen, alle Proklamationen und Maßnahmen im Augenblick der Aktion fix und fertig sein, vor allem der militärische Schutz wirksam organisiert sein müssen. Erst dann hätten wir handeln dürfen, – und es wäre auf die Formalitäten dabei nicht angekommen. Wären uns am 4. April diese Argumente entgegengehalten worden, dann halte ich es für gewiß, daß das Unglück nicht Ereignis geworden wäre. Auf die Frage, ob er denn jetzt rate, alles rückgängig zu machen und uns der Regierung Hoffmann auszuliefern, erklärte Genosse Axelrod das für unmöglich, verteidigte aber die ablehnende Haltung der Kommunisten.

Diese Unterredung und die große Gefahr, die ich für den Frieden unter der Arbeiterschaft selbst aus dem von den Kommunisten ins Volk geworfenen Vorwurf, wir hätten eine »Scheinräterepublik« etabliert, erwachsen sah, veranlaßte mich, aus eigener Initiative mit folgender Proklamation mich ans Proletariat zu wenden, die Landauer am 9. April öffentlich anschlagen ließ:

»Proletarier aller Länder vereinigt Euch! Der Schlußappell des kommunistischen Manifestes ist der Schlachtruf der Internationale geworden. Jetzt richten wir den Appell an das revolutionäre Volk des eigenen Landes: Proletarier Bayerns vereinigt Euch! Die Einigung der Proletarier kann nach dem herrlichen Beispiel des russischen Volkes nur auf einer Grundlage geschehen, auf der der Räterepublik!

Bayern ist Räterepublik!

Ohne Rücksicht auf die Streitigkeiten ihrer Führer hat sich die werktätige Bevölkerung im Willen zusammengeschlossen, den Sozialismus, den Kommunismus zu verwirklichen!

Der Landtag ist fortgeschickt, das von ihm eingesetzte kleinbürgerlich-sozialistische Ministerium existiert nicht mehr. Ein provisorischer Rat von Volksbeauftragten und ein provisorischer revolutionärer Zentralrat haben die Geschäfte des Landes vorläufig zu besorgen. Da kein einziger der kompromittierten Führer der Kriegssozialisten mehr in diesen Körperschaften sitzt, ist die Gewähr dafür gegeben, daß ihr Wirken ohne Rücksicht auf kapitalistische und bourgeoise Interessen der Herbeiführung der gerechten sozialistisch-kommunistischen Wirtschaft und der Sicherung der Revolution dienen wird.

Die Diktatur des Proletariats ist Tatsache!

Eine Rote Armee wird sofort gebildet!

Die Verbindung mit Rußland und Ungarn wird sofort aufgenommen!

Eine Gemeinschaft zwischen dem sozialistischen Bayern und dem Kaiserdeutschland mit dem republikanischen Aushängeschild kann nicht mehr sein.

Ein Revolutionsgericht wird jeden Versuch reaktionärer Machenschaften rücksichtslos ahnden.

Die Lügenfreiheit der Presse hört auf. Die Sozialisierung des Zeitungswesens sichert die wahre Meinungsfreiheit des revolutionären Volkes.

Die neue Gewalt wird so schnell wie möglich Neuwahlen der Betriebsräte auf revolutionärer Grundlage anordnen, auf denen von unten herauf sich das Rätesystem aufbauen soll, das die Entscheidung über alle seine Angelegenheiten in die eigenen Hände des arbeitenden Volkes legt. Nur des arbeitenden Volkes!

Die Kapitalisten werden von der Mitbestimmung an den Geschicken des Landes ausgeschlossen.

Aus dem Rätesystem wird die sozialistische Gesellschaft heraus-

wachsen, die keinen arbeitslosen Wohlstand und keine Armut der Fleißigen mehr kennen wird. Im Bunde mit dem revolutionären Rußland und Ungarn wird das neue Bayern die revolutionäre Internationale herstellen und der Weltrevolution die Wege ebnen.
Proletarier! Haltet Frieden miteinander! Es gibt nur einen gemeinsamen Feind: die Reaktion, den Kapitalismus, die Ausbeutung und Bevorrechtung! Gegen diesen Feind müssen alle Kämpfer für Freiheit und Sozialismus geschlossen zusammenstehen.
An die Arbeit! Jeder auf seinen Posten!
Es lebe das freie bayerische Volk! Es lebe die Räterepublik!
Erich Mühsam«

Diesen Aufruf ergänzte ich noch durch folgende

»Erklärung. Die Leitung der Kommunistischen Partei Deutschlands (Spartakusbund), Ortsgruppe München, stellt sich aus prinzipiellen Gründen außerhalb der provisorischen Verwaltung der Räterepublik. Durch die Anordnung der neuen Betriebswahlen auf revolutionärer Grundlage, aus denen die proletarische Gewalt endgültig hervorgehen soll, wird hoffentlich der Gegensatz sehr bald überbrückt sein.
Für meine Person erkläre ich, daß ich einen nach außen sichtbaren Posten in der jungen Räterepublik solange nicht annehmen werde, bis nicht die Einigung der Arbeiterschaft vollständig gelungen sein wird. Es wäre mir unerträglich, wenn ich mich an verantwortlicher Stelle im Widerspruch gerade zu den Genossen befände, die mir bisher die nächsten im Kampfe waren und denen ich mich nach wie vor in Übereinstimmung im Wollen und Streben aufs engste verbunden fühle.
9. April 1919. Erich Mühsam«

Die Kommunisten machten am 9. April angesichts des Drängens der Arbeiterschaft die erste Konzession an die gegebene Lage. Sie bewirkten die Wahl revolutionärer Obleute aus den Betrieben und sandten sie mit nur beratender Stimme in den Zentralrat. Es waren, soweit ich mich entsinne, 10 Männer, darunter die Genossen Leviné und Dietrich. In der ersten Sitzung des Zentralrats, an der sie teilnahmen, herrschte eine besonders große Zerfahrenheit. Deputationen aller möglichen Interessengemeinschaften kamen und trugen Gleichgültigkeiten vor, die man ins Endlose diskutierte. Es war ein ganz planloses Arbeiten. Die Kommunisten hielten denn auch nicht mit ihrer Kritik zurück, lehnten aber meine dringende Aufforderung, sich aktiv und mitverantwortlich zu beteiligen, um endlich Ordnung und System in das Chaos zu bringen, entschieden ab. Am nächsten Tag hatte ich eine längere Aussprache mit Leviné unter vier Augen; es war das erste und letzte Mal, daß wir von Person zu Person miteinander redeten. Genosse Leviné nahm die Gelegenheit wahr, mir die Genugtuung zu geben, daß er die Ehrlichkeit meiner Handlungsweise in allen Punkten zugab. Auf meine Bitten, die Obstruktion aufzugeben und einzugreifen, gab er bestimmte ablehnende Antwort mit der Begründung, daß er sich nun von der Hoffnungslosigkeit dieser Regierungstätigkeit durch eigenen Augenschein überzeugt habe. Auf den Einwand: »Wir können die Karre doch nicht im Dreck stecken lassen«, meinte er lakonisch: »Dann ziehen Sie sie wieder heraus!« gab dann aber zu, daß die Auslieferung des Landes an die Regierung Hoffmann natürlich nicht in Frage kommen könne. Ich legte Leviné direkt nahe, uns gewaltsam auszuheben, um dem unmöglichen Zustand ein Ende zu machen und die revolutionäre Arbeit sicherzustellen; er hielt die Lage dafür nicht für reif, sprach aber ausdrücklich aus, daß die zu erwartenden revolutionären Kämpfe gegen die Bourgeoisie doch schließlich von den Kommunisten würden ausgetragen werden müssen. Ein Ausgleich der Gegensätze kam nicht zustande, doch schloß die Unterredung mit einem Händedruck, der alle persönlichen Differenzen zwischen uns aufhob und mir die Hoffnung gab, auch noch zu einer Übereinstimmung im Handeln zu gelangen.

Aus dem Lande kamen die ungünstigsten Nachrichten. Während sich die Räterepublik in Südbayern im allgemeinen festigte und ausbreitete, war im Norden ein schwerer Rückschlag erfolgt. In Würzburg, wo die Räterepublik von dem zufällig dort auf einer Agitationsreise anwesenden KPD-Genossen Waibel ausgerufen war und die ganze Bewegung unter Leitung der Kommunistischen Partei stand, hatte es Straßenkämpfe gegeben, die mit einer Niederlage der Revolutionäre geendet hatten. Genosse Waibel sowie die beiden am 5. April zur Aufklärung dorthin geschickten Münchener Genossen Hagemeister und Sauber (Vorsitzender des Landessoldatenrats USP) waren dabei verhaftet worden. Wir ordneten zu ihrer Sicherung sofort die Festsetzung von Geiseln an. – Dieser Erfolg der Gegenrevolution war für Nordbayern entscheidend. Er steifte Hoffmann das Rückgrat, um von Bamberg aus in großem Maße eine bewaffnete Aktion gegen München zu organisieren. Oberst Epp entfaltete eine mächtige Tätigkeit zur Aufstellung weißgardistischer Freikorps, die württembergische mehrheitssozialistische Republik bot Militär zur Unterstützung an. Noskes Anerbieten, von Reichswegen in Bayern einzumarschieren, wurde vorläufig mit Rücksicht auf die preußenfeindliche Stimmung der bayerischen Bauernschaft abgelehnt, zumal die Annahme den Verzicht auf das Reservat Bayerns bedeutet hätte, eine Armee unter eigener Oberhoheit zu halten, wie es selbst den Weltkrieg hindurch bestanden hatte. Erst als sich Bayerns eigener Landesschutz trotz der württembergischen Hilfe zu schwach erwies, um den Willen des revolutionären Proletariats, das in der zweiten Hälfte des April endlich geeint in der Verteidigung der Räterepublik bewaffnet bereit stand, zu brechen, wurde Noske mit seinen Berufsmörderbanden geholt. Die militärische Selbständigkeit Bayerns mußte zum Preise dafür aufgegeben werden. – Für uns war die Notwendigkeit, eine Rote Armee auf die Beine zu bringen, aber brennend geworden, und Genosse Reichhardt arbeitete eifrig an dieser Aufgabe. Wie tief aber der Verrat nistete, beweist folgende Tatsache: Ein führendes Mitglied des Landessoldatenrats, der Mehrheitssozialist Simon (nicht zu verwechseln mit dem früheren Minister Simon) legte Reichhardt einen fertig ausgearbeiteten Plan zur Aufstellung einer Roten Armee vor. Trotzdem wurden

Gerüchte laut, er stehe insgeheim mit der Gegenregierung Hoffmann in Verbindung. In einer Zentralsitzung überraschte ihn Landauer mit der direkten Aufforderung, sich gegen den Vorwurf zu rechtfertigen. Simon versicherte seine Ehrlichkeit und versprach, um jeden Zweifel aus der Welt zu schaffen, sofort alle Ämter niederzulegen und nach Nürnberg zu fahren, wo er seine frühere Zivilbeschäftigung wieder aufnehmen werde. Landauer und ich verlangten, ihn an der Abreise zu hindern und in Schutzhaft zu nehmen, wurden aber überstimmt. Simon reiste ab, und eine Woche später stand sein Name mit dem Schneppenhorsts und Hoffmanns unter den Aufrufen, die den Arbeitermassenmord propagierten. Als Simon in meinem Prozeß als Zeuge erschien, gab er zu, daß er bereits, als er die Rote Armee vorbereiten half, die Beziehung zu Bamberg unterhielt. Noch krasser fast ist der Fall des von der Bauernschaft aufgestellten Volksbeauftragten für Landwirtschaft, Steiner. Der Mann gab von München aus heimlich den Bescheid an Hoffmann, daß er als Landwirtschaftsminister wieder in sein Kabinett eintreten wolle. Er war also gleichzeitig Volksbeauftragter der Räterepublik und Minister der Gegenregierung, was natürlich auch erst später ans Licht kam.

Die Arbeiterschaft hatte das Gefühl dafür, daß die Ursache der Verfahrenheit des öffentlichen Betriebs in der Uneinigkeit des Proletariats, in der Nichtanerkennung der Räterepublik durch die Kommunisten zu suchen war. So ergriffen die Betriebsräte von sich aus die Initiative zur Konsolidierung der Verhältnisse. Durch Plakate wurden zum 11. April (Freitag) abend sämtliche Betriebsräte Münchens zur Versammlung in den Hofbräusaal zusammengerufen. Zugleich wurden die Führer aller sozialistischen Parteien sowie diejenigen Genossen eingeladen, die ohne einer Partei anzugehören an sichtbarer Stelle standen. »Fernbleiben wird als Schuldbekenntnis aufgefaßt.« Die Versammlung war überfüllt. Ein Mehrheitssozialist legte zunächst unter dem Gelächter der Arbeiter ein Bekenntnis zur Demokratie ab, während ein anderer Sozialdemokrat den Parteigenossen energisch abschüttelte und sich unbedingt für die Räterepublik

aussprach. Toller sprach für die Unabhängigen – er war inzwischen an Niekischs Platz zum Vorsitzenden des Zentralrats aufgerückt –, verteidigte das gegenwärtige Regime und griff die Kommunisten scharf an. Dann erhielt Landauer das Wort, der seine Düpierung durch Schneppenhorst offen zugab, die Ausrufung der Räterepublik aber entschieden verteidigte und zur Einigkeit aufrief. Darauf kam ich an die Reihe. Ich bekannte, daß ich die Berechtigung der ablehnenden Haltung der KPD nachträglich eingesehen hätte, das längere Außenstehen der Kommunisten jedoch für verhängnisvoll halte, da den Vorteil von der Uneinigkeit nur die Reaktion habe, die jetzt schon zeige, daß sie ihn zu nutzen verstehe und sich überall zum Schlage rüste. Ich beschwor die Kommunistische Partei, ihren Widerstand aufzugeben und sofort aktiv einzugreifen, um dadurch der Diktatur des Proletariats Inhalt und Festigkeit zu schaffen. Der sehr starke Beifall, den besonders Landauer und ich fanden, bewies, daß wir der eigenen Ansicht des Proletariats Worte gegeben hatten.
Für die KPD war Genosse Levien erschienen, der sich auf eine absolut intransigente Haltung verbiß. Eine Minderheit seiner Parteigänger stimmte ihm zu, während die große Mehrheit ihren Willen zur Einigung nachdrücklich zu erkennen gab. Levien fand einen Helfer in der Person eines Berliner Kommunisten, der unter größter Unruhe die Einigung des Proletariats im Prinzip verwarf, solange sie nicht auf dem Boden der KPD stattfinde. Eine große Reihe von Rednern trat aus der Versammlung selbst für die Beilegung des Zwistes ein. Levien antwortete mit größter Ausdauer jedem einzelnen und blieb auf der Ablehnung bestehen. Ich sprach dann noch einmal und erklärte, daß die Versammlung revolutionärer Betriebsräte als allein berechtigte Vertretung des Proletariats zu bestimmen habe, ob die gegenwärtige Räteregierung als Organ der proletarischen Diktatur anzusehen sei und das Vertrauen des Proletariats habe. Ich sprach dabei aus, daß die Verweigerung des Vertrauensvotums mir erwünscht sei, da dann die Bürde von uns revolutionären Regierungsmitgliedern genommen sei, unter diesen undankbaren Verhältnissen die Verantwortung zu tragen und die Kommunisten gezwungen

seien, verantwortlich mitzuwirken. Es sei im Fall der Mißtrauenskundgebung gegen uns Aufgabe dieser Versammlung, sofort ein neues Provisorium zu schaffen, und womöglich aus ihrer Mitte heraus Genossen zu bestimmen, die die nächsten Maßnahmen zu veranlassen hätten. Sollte aber die Versammlung dem bestehenden Zentralrat ihr Vertrauen bekunden, so würden wir unsere Pflicht nach Kräften weiterhin erfüllen in dem Bewußtsein, daß der Vorwurf, wir seien die Vertreter einer Scheinrepublik, ehrlicherweise dann nicht mehr erhoben werden könne.
Alle anwesenden Mitglieder des Zentralrats erklärten, die Versammlung als souveräne Vertretung des Proletariats anzuerkennen und sich ihrem Beschluß bedingungslos zu fügen. Ein aus der Mitte der Betriebsräte eingebrachter Antrag, der bestehenden Räteregierung das Geschick des Landes weiterhin anzuvertrauen, wurde darauf mit überwältigender Mehrheit gegen ein paar Dutzend Stimmen angenommen. (Ich selbst stimmte dagegen). Levien erklärte auch nach der Vertrauenskundgebung, daß das Verhalten der KPD trotzdem das gleiche bleiben werde.
Am Samstag, den 12. April war die Lage offenkundig sehr ernst geworden. Die Regierung Hoffmann hetzte das Land in unglaublicher Weise gegen München auf, gegen uns bekanntere Führer wurden die ungeheuerlichsten Verleumdungen in die Welt gesetzt, von denen besonders die Behauptung, wir hätten in München die Kommunisierung der Frauen bereits eingeführt (jedem Bolschewisten müsse jede Frau nach Belieben zur Verfügung stehen) auf die naive Bevölkerung Eindruck machte. Die militärische Lage schien durch den Abfall Augsburgs, wenn auch nicht unmittelbar bedrohlich, so doch keineswegs sicher. Das Fehlen von Waffen für die Arbeiterschaft war eine furchtbare Gefahr, wenn auch die Entwaffnung der Bourgeoisie anscheinend gut durchgeführt wurde. Doch war unser Mißtrauen gegen die Sozialdemokraten außerordentlich groß, besonders, da in den letzten Tagen die Gewerkschaftsführer und Auerochsen sich auffällig von den Sitzungen des Zentralrats fernhielten, was dessen Arbeiten allerdings etwas förderte. Ob unmittelbar etwas von dieser Seite geplant war und was überhaupt geplant war, war

noch nicht zu erkennen. Aber der Verdacht, daß die Mehrheitler auch in München schon mit der Bourgeoisie einen geheimen Pakt geschlossen hätten, war allgemein. Das Bürgertum war furchtbar aufgeregt, da trotz der Mangelhaftigkeit aller diktatorischen Maßregeln doch schon eine Reihe von Symptomen da waren, die den Unterschied einer Räterepublik von einem Bourgeoisstaat deutlich machten. Vor allem wirkte die Besetzung der Banken, die Rationierung der Depotabhebungen und die Aufhebung des Bankgeheimnisses niederschlagend auf die Kapitalisten. Durch die Entwaffnung der Polizei fühlten sie sich in ihrer Sicherheit, durch das Revolutionstribunal in ihren konterrevolutionären Bestrebungen, durch Wadlers sehr energische Tätigkeit als Wohnungskommissar in ihrem Besitzrecht auf die häusliche Bequemlichkeit schwer bedroht. Dazu hingen die Ankündigungen Gesells gegen das spekulierende Kapital und Neuraths Vorbereitungen zur Schließung aller überflüssigen Betriebe wie ein Damoklesschwert über ihrer Existenz. Gründe genug, um etwas Entscheidendes zu versuchen.
Der Schlag wurde in der Nacht zum 13. April (Palmsonntag) ausgeführt, und zwar unter Leitung und auf Anstiften von Mehrheitssozialisten. Früh um 4 Uhr wurde ich aus dem Bett heraus von Angehörigen der Republikanischen Schutztruppe, die uns kurz zuvor ihrer unbedingten Treue versichert hatte, verhaftet und zum Hauptbahnhof gebracht, wo sich im Laufe der Morgenstunden noch zwölf Genossen einfanden. Es waren Plakate angeschlagen, die im Namen der Kasernenräte den Sturz der Räteregierung verkündeten und die Regierung Hoffmann als allein rechtmäßig proklamierten. Einige Genossen, darunter der Volksbeauftragte Soldmann, waren aus dem Wittelsbacher Palais herausgeholt worden, wo sie in nächtlicher Arbeit ihre Pflicht taten. Mehrere außer mir, u. a. Genosse Dr. Wadler, waren in ihren Wohnungen festgenommen. Der Rest war bei der Festnahme von Geiseln überrascht und verhaftet worden. Wir blieben bis mittags im Bahnhofsgebäude, in beständiger Erwartung eines Angriffs des Proletariats zu unserer Befreiung. Dann wurden wir

in einem Extrazug unter starker militärischer Begleitung nach Nordbayern verschleppt.
Der Sturm auf den Bahnhof erfolgte einige Stunden nach unserer Abreise und führte zum vollen Erfolg der Arbeiter, die nun unter Leitung der KPD die Räteregierung neu errichteten. Den weiteren Verlauf habe ich nicht miterlebt und überlasse es daher andern, die ferneren Ereignisse, frei von einer Parteilichkeit, die nach der einen Seite mit Füßen tritt, nach der andern lobhudelt, zu schildern. Bemerken möchte ich, daß Landauer gleich nach der Auflösung des früheren Zentralrats eine Erklärung veröffentlichte, worin er die neue Sachlage begrüßte, die kommunistische Räteregierung anerkannte und sich ihr für alle verlangten Dienste zur Verfügung stellte. Die Kommunisten hatten in den 2½ Wochen ihrer Herrschaft mit ganz ähnlichen Schwierigkeiten zu kämpfen wie in den 6 Tagen vorher wir, nur daß ihre Arbeit nicht mehr von den Auerochsen, sondern von den Unabhängigen sabotiert wurde. Ihr großes Verdienst war, daß sie in kurzer Zeit eine schlagkräftige Rote Armee aufzustellen vermochten. Der Zwang, alle Kräfte auf die militärische Verteidigung der Räterepublik zu konzentrieren, entschuldigt völlig, daß die diktatorische Niederzwingung des Kapitalismus auch unter ihrem Regime kein rascheres Tempo annehmen konnte als unter unserm. Die vielen Mißgriffe in der Auswahl der Personen, denen höchst verantwortliche Aufgaben übertragen wurden und die dem Verrat auch jetzt noch allerorts Zugang verschafften, sind dem Mangel an revolutionärer Erfahrung und der Plötzlichkeit zuzuschreiben, mit der alle Maßnahmen ergriffen werden mußten. Ich weiß zu gut, welcher Anteil an allen Übelständen während der zweiten Räterepublik unserem übereilten Handeln am 4. und 6. April zufällt, als daß ich als Ankläger gegen die kommunistischen Genossen auftreten möchte.

Befreiung der Gesellschaft vom Staat

Selbstverantwortlichkeit der Menschen

Der kommunistische Anarchismus wendet seinen Kampf also zugleich gegen die wirtschaftliche Unterdrückung von Menschen durch Menschen wie gegen die Moral, die die Unterscheidung zwischen den Menschen für zulässig hält. Der Kapitalismus könnte nicht sein, wenn nicht dem Verzicht auf die Verfügung über die eigene Arbeitskraft, die das Wesen der wirtschaftlichen Verknechtung ist, der Verzicht auf die *Selbstverantwortlichkeit* der Menschen vorausgegangen wäre. Alle geschichtlichen Erklärungen, nach denen die kommunistisch wirtschaftenden Ackerbauern der Frühzeit zur Verteidigung des Bodens gegen Überfälle bewaffnete Männer aussonderten, welche sich allmählich kraft ihrer Überlegenheit durch den Waffengebrauch zu Herren des Landes machten und als bevorrechtigte Klasse den Arbeitsertrag ihrer Auftraggeber in persönlichen Reichtum verwandelten, sich zu Eigentümern des Grundes und Bodens aufwarfen und die Arbeitenden dadurch ihren Machtansprüchen hörig machten, – alle Erforschungen der Entstehung und Entwicklung des Kapitalismus und der Klassenkämpfe sollen als wahr und richtig anerkannt werden. Sie beweisen nichts für das marxistische Dogma, daß das ökonomische Sein allein oder doch ausschließlich bestimmend das Handeln, Denken und Fühlen der Menschen beeinflusse. Der Überlassung des Waffenwerks an eine erwählte Schar muß vorausgegangen sein das Bewußtsein der Schwäche, der Verteidigung ebenso wie der Arbeit in der natürlichen Ursprünglichkeit völliger Gemeinschaft nicht mehr gewachsen zu sein. Diese Minderung des Zutrauens in die gesellschaftliche Kraft der Verbundenheit ist aber ein seelisch-ethischer Vorgang, aus dem sich die Folgen auf die ökonomischen Verhältnisse erst ergeben. Das Bewußtsein bestimmt hier die Gestaltung des Seins. Kein Versuch, dem Schwinden des Selbstvertrauens wiederum ökonomische Ursachen zugrunde zu legen, käme gegen den Einwand auf, daß jede Gestaltung der Arbeitsleistung und Beziehungsregelung menschliche Veranstaltung ist, dem Tun aber notwendig das Denken, dem Denken die unbewußte Nervenbewegung vorausgeht, die das seelische Empfinden bezeichnet. Gemeinsame Lebensführung beruht auf gemeinsamer Verantwortung. Die Trennung der Gemeinsamkeit im gesellschaftlichen Wirken kann nur auf die Lockerung der gemeinschaftlichen Verantwortung zurückgehen. Überträgt die Gesamtheit einen der Dienste, deren Verrichtung den Einsatz aller Kräfte verlangt, einem Teil, so schaltet sie zugleich diesen Teil aus den übrigen Verrichtungen des gesellschaftlichen Dienstes aus, entläßt ihn somit aus der Verantwortung für die Sache der übrigen, wie sie sich selbst der Verantwortung für den übertragenen Dienst begibt. Innerhalb der wirtschaftlichen Arbeit ist selbstverständlich die Teilung der Dienste geboten, ebenso wie die Abwehr von Angriffen auf den Boden und die Arbeit den Kämpfern verschiedene Aufgaben zuweist. Der Grundsatz der Gemeinschaft wird dadurch nicht verletzt. Dem einen Volksteil aber die Arbeit überlassen, dem andern den Kampf aufhalsen heißt die Lebensführung der Gesellschaft auseinanderreißen, heißt die gemeinverbindliche Verantwortlichkeit preisgeben, heißt folglich Ungleichheit schaffen, die notwendig Herrschaft nach sich ziehen muß. Gemeinsame Verantwortlichkeit aller für alles, das ist der eigentliche Sinn des Kommunismus. Gemeinsame Verantwortlichkeit aller für alles bedeutet aber genau dasselbe wie Selbstverantwortlichkeit eines Jeden für das Ganze, und das ist der eigentliche Sinn des Anarchismus.

Gesellschaft und Persönlichkeit

Damit ist die Frage der Wechselbeziehung von *Gesellschaft und Persönlichkeit* aufgeworfen. Der Marxismus will die soziale Gleichheit herstellen, indem er die Lebensformen des einzelnen Menschen in das Streckbett der für ökonomisch auswägbar gehaltenen Nutzzwecke der Gesamtheit zwingt. Der Individualismus will umgekehrt den ungekürzten Lebensraum des Individuums zum Maß der gesellschaftlichen Daseinsform machen, ohne Rücksicht auf Gleichheit und Gesamtnutzen. Beide Auffassungen nehmen also einen Gegensatz zwischen Gesellschaft und Mensch an und kommen nur bei der Abschätzung der Frage, wessen Rechtsanspruch ans Leben wichtiger sei, zu verschiedenen Ergebnissen. Der kommunistische Anarchismus lehnt die Unterscheidung zwischen Gesellschaft und Persönlichkeit ab. Er betrachtet die Gesellschaft als Summe von Einzelmenschen und die Persönlichkeit als unlösliches Glied der Gesellschaft. Eine soziale Gleichheit, bei der der individuelle Betätigungsdrang des seines Eigenwertes bewußten Menschen beeinträchtigt ist, die sich mit der Beseitigung des Mehr oder Weniger in der Verfügung über die irdischen Güter begnügt, schafft allein nicht die gesellschaftliche Gleichheit, die die Forderung der Gerechtigkeit erfüllt, die Gleichheit, die auf Gegenseitigkeit in allen, nicht bloß den materiellen Dingen, und die auf dem Gefühl der verbundenen Verantwortung aller und der Selbstverantwortlichkeit jedes Einzelnen beruht. Die Herstellung einer Gleichheit, die in Wahrheit die Bedeutung der Gleichberechtigung hat, ist nicht die einfache Lösung einer ökonomischen Rechenaufgabe. In der Erkenntnis, daß hier seine Schwäche liegt, flüchtet der Marxismus in die Gefilde der philosophischen Tröstungen und redet den Sozialisten den Gedanken der persönlichen Verantwortung im gesellschaftlichen Geschehen mit der alten Tempelweisheit der Gebundenheit des Willens und der Vorbestimmung alles Werdens und Waltens aus; einer Lehre, deren übersinnliche Verstiegenheit dadurch um nichts besser wird, daß sie anstelle der göttlichen Fügung den historischen Materialismus, also die Abhängigkeit des menschlichen Tuns von den jeweiligen Produktionsformen setzt. Die wirtschaftlichen Verhältnisse beeinflussen selbstverständlich die Entschließungen der Menschen, außer ihnen aber bilden noch eine Fülle anderer Gegebenheiten, die aus geographischen, biologischen, in Stamm und Überlieferung begründeten oder sonstigen Eigentümlichkeiten quellen, den seelischen Mischkessel, den wir Charakter nennen. Mag die Bewußtseinsbildung somit vielfachen sozialen Bedingungen unterliegen, die Persönlichkeit wird davon in ihrer Fähigkeit zur unmittelbaren Einwirkung auf das gesellschaftliche Sein und in

ihrer Ermessensfreiheit nicht betroffen. Innerhalb eines Charakters ist der Wille frei.
Den Einzelwillen jedoch in die Mitte alles Geschehens zu stellen, ihm die Dinge der Gesamtheit unterzuordnen in dem Glauben, der Sinn der Gesellschaft erschöpft sich in der Befriedigung der materiellen und geistigen Bedürfnisse der ihres einmaligen Ichs bewußten Persönlichkeit, bedeutet ebenfalls nichts als die Flucht aus der Wirklichkeit in die vorgestellte Welt einer sozial zusammenhanglosen Menschheit. Wie unteilbar aber die Einheit von Mensch und Menschheit ist und von jedem Menschen empfunden wird, erhellt, um ein einziges Beispiel zu nennen, aus dem Bestreben aller Menschen, Zeugnisse des individuellen Lebens über den Tod hinaus ins gesellschaftliche Leben zu verpflanzen. Für das Einzelwesen besteht die Welt nur, solange sie sich seinen Sinnen bemerkbar macht. Das Sterben, das mit dem Individuum sein ganzes Bewußtsein und alle persönliche Wahrnehmung auslöscht, wäre ohne die vollständige Verflechtung des persönlichen mit dem gesellschaftlichen Leben für den Einzelnen das Ende der Dinge überhaupt. Eine Gegenseitigkeitsbeziehung zwischen den Menschen auf Abruf kann es nicht geben. Der im Instinkt der Menschen begründete Drang, den schaffenden Eifer im Dienste der Menschheit zu betätigen, aus dem Eigenen die materiellen, geistigen und sittlichen Schätze der Gesamtheit zu mehren, wäre vollkommen sinnlos, wenn das Individuum ein lösbarer Teil des Ganzen wäre. Alle Regsamkeit der Persönlichkeit empfängt den Antrieb aus dem Bewußtsein der Gemeinsamkeit. Die Gesellschaft ist der Ursprung des Lebens, wie sie zugleich Sinn und Inhalt des Lebens ist. Da die Gesellschaft indessen sich zusammensetzt aus dem lebendigen gemeinsamen Sein der Einzelnen, sind ihre wirksamen Eigenschaften nicht unterschieden von denen der Menschen, der Tiere oder der Pflanzen, die miteinander Gesellschaft bilden, aus ihr geworden sind und sie unausgesetzt neu aus sich erzeugen.
Gesellschaft und Mensch ist demnach als einheitlicher Organismus zu begreifen, und jeder Fehler in der Wechselbeziehung der Menschen zueinander muß sich als gesellschaftlicher Schaden,

jeder Mangel in der gesellschaftlichen Ordnung als Krankheitserscheinung im sozialen Getriebe und somit als Benachteiligung von Individuen in Erscheinung setzen. Diese Untrennbarkeit eines Ganzen von seinen Gliedern, dieses Ineinander-Verstricktsein der Teile, deren jedes ein Organismus mit den Eigenschaften des Ganzen ist, dieses Miteinander- und Durcheinander-Bestehen des Einzelnen und des Gesamten ist das Merkmal des organischen Seins in der Welt und jeder Verbindung in der Natur. Wie der Wald aus Bäumen besteht, deren jeder sein Eigenleben hat, mit eigenen Wurzeln im Erdreich steckt, sich selbst ernährt, lebensunfähig gewordene Äste absterben läßt und neue Triebe entwickelt, im Welken der Blätter und Hervorbringen neuer Keime, im Ausstreuen des Samens und im allmählichen Verbrauchen der Lebenskraft jungem Nachwuchs Platz schafft, und wie in diesem Werden und Vergehen und in der wechselseitigen Kraftübertragung der einzelnen Bäume das Leben des Waldes als Zusammenfassung zu einem Ganzen wiederum völlig den Charakter eines lebenden, sterbenden, sich stets von neuem schaffenden individuellen Wesens erhält, so ist jede Gemeinschaft ein Organismus aus Organismen, ein Bund von Bünden, eine zur Einheit gewordene Vielheit von Einheiten. Der kommunistische Anarchismus will diese natürliche Verbindung von Persönlichkeit und Gesellschaft mit Gleichberechtigung, gegenseitiger Unterstützung und Selbstverantwortlichkeit aller Einzelnen im Bewußtsein der Gesamtverbindlichkeit und gemeinsamen Verantwortung fürs Ganze wieder zur Lebensform auch der Menschheit werden lassen. Dazu erforderlich ist aber die vollständige Neugestaltung der Organisationsgrundsätze im wirtschaftlichen und gesellschaftlichen Verkehr. Solche auf natürlichen Zusammenschluß der Teile zum Ganzen und auf die Kraft des Ganzen als Lebensquelle der Teile gestützte Vereinigung stellt die Organisationsfrom des *Föderalismus* dar im Gegensatz zum *Zentralismus*, der die künstliche Organisationsform der Macht und des Staates ist, wie sie der Kapitalismus bis zur restlosen Vernichtung der Persönlichkeit, der Gleichheit, der Selbstbestimmung, der Selbstverantwortung und der Gegenseitigkeitsbeziehung emporgezüchtet hat. Föderalismus verhält sich zu Zentralismus wie Organismus zu Mechanismus, das heißt wie Gewachsenes, Naturgewordenes, Wesenhaftes zu Geknetetem, Zusammengebasteltem, Nachgemachtem. Föderalismus ist Gemeinschaft der lebendigen Teile zum Gefüge eines lebendigen Ganzen, Zentralismus ist Aneinanderkettung der Teile zur willenlosen Lenkung durch ein unbeseeltes Triebwerk. Im Föderalismus wirkt die Übereinkunft der Individuen, ihren unterschiedlos auf den eigenen wie auf den Gesamtvorteil gerichteten Willen zur vernünftigen Herstellung des Bedarfs, zu seiner vernünftigen Verteilung und Verwendung und zur gerechten Gestaltung aller übrigen Lebensbeziehungen zu verbinden; im Zentralismus wirkt das von außen gegebene Gesetz der jeweiligen Macht, welche die Vorrichtungen zur Niederhaltung des Gemeinschaftswillens in den Händen hält. Der Föderalismus baut den Gemeinschaftskörper von unten auf, indem er die schaffenden Kräfte selber in unmittelbarer Verständigung die Maßnahmen treffen läßt, von denen das Wohl der Einzelnen und das Gemeinwohl abhängt und die die Bürgschaft gewähren, daß das Gemeinwohl das Wohl des Einzelnen in sich schließt. Der Zentralismus bewegt die nur äußerlich zusammengebundenen, aber aus keiner inneren Notwendigkeit einander vertrauten Einzelnen von oben her, indem er den Persönlichkeitswillen lähmt und ihm die Leitung durch einen gemeinschaftsfremden, der Prüfung entzogenen Willen aufzwingt. Föderalismus ist Organisation durch natürliche Ordnung; Zentralismus ist Ersatz der Ordnung durch Überordnung und Anordnung. Die föderalistische Organisation entspricht den Forderungen der Gerechtigkeit, der Gegenseitigkeit, der Gleichheit, der gemeinsamen Selbstverantwortung, der Gemeinschaft aus Einzelnen. Die zentralistische Organisation entspricht den Bedürfnissen der Macht, der Obrigkeit, der Ausbeutung, des Klassenzwiespalts, der Bevorzugten. Föderalismus ist Ausdruck der Gesellschaft; Zentralismus ist Ausdruck des Staates.

Staat und Gesellschaft

Staat und Gesellschaft nämlich ist zweierlei. Weder ist die Gesellschaft eine Zusammenballung aller verschiedenen Organisationen und Verbindungen, innerhalb deren die Menschen ihre gemeinschaftlichen Angelegenheiten ordnen und unter denen der Staat neben anderen Einrichtungsformen besteht, noch ist der Staat von etlichen Möglichkeiten eine der Organisationsarten, in denen sich die Gesellschaft verkörpern kann. Es ist in aller Eindeutigkeit so, daß wo Gesellschaft besteht, für den Staat kein Raum ist, wo aber der Staat ist, er als Pfahl im Fleische der Gesellschaft steckt, ihr nicht erlaubt, Volk zu bilden und gemeinschaftlich ein- und auszuatmen, sie statt dessen in Klassen trennt und dadurch verhindert, Gesellschaft zu sein. Ein zentralisiertes Gebilde kann nicht zugleich ein föderalistisches Gebilde sein. Ein obrigkeitlich zugerichtetes Verwaltungswesen ist Regierung, Bürokratie, Befehlsgewalt, und dies ist das Merkmal des Staates; eine auf Gleichberechtigung und Gegenseitigkeit aufgebaute Gemeinschaft ist in den Grenzen der räumlichen Verbundenheit der Menschen Volk, als allgemeine Lebensform der Menschheit betrachtet, Gesellschaft. Staat und Gesellschaft sind gegensätzliche Begriffe; eins schließt das andere aus.

Vom Klassenstaat reden, heißt von hölzernem Holz reden. Staat ist nichts anderes, kann nichts anderes sein als zentralisierter Ausführungsdienst einer vom Volk gelösten Klasse zur Beherrschung des entrechteten und zur beherrschten Klasse erniedrigten Volkes. Das staatliche Verwaltungsverfahren teilt also die menschliche Gesellschaft in Gesellschaftsklassen, indem es Grund und Boden nebst den von Menschen geschaffenen Produktionsmitteln als Eigentum der bevorzugten Klasse schützt, die Zulassung zur Benutzung des Eigentums durch die fast die Gesamtheit umfassende Klasse der Besitzlosen nach den Grundsätzen der Unantastbarkeit des Eigentumsvorrechts und der Wahrung des Charakters der Arbeitsleistung als Verdingung der Arbeitskraft regelt. Ausschließlich zu diesem Zweck ist der Staat geschaffen, niemals hat er einem andern Zweck gedient, niemals könnte er anderen Zwecken nutzbar werden. Nur wo Herrenrecht gegen Sklavenrecht steht, hat der Staat Sinn, findet er Aufgaben der Betätigung. Erst mit dem Entstehen persönlichen Eigentums zur Ausbeutung von Menschen konnte der Staat werden, ist er geworden. Mit der Entfaltung des Kapitalismus, der die materiellen Ausbeutungsgrundsätze der Eigentümer zum Mittelpunkt des gesamten Lebens der Menschen machte, vergrößerte und vergröberte der Staat beständig das Netz von Gesetzen, Aufsichts- und Zwangsmaßregeln, durch welche das Proletariat in der Hörigkeit der bevorrechtigten Klasse gehalten werden soll. Wieder aber sind es die marxistischen Sozialisten, welche nebst der materialistischen Weltbetrachtung auch die zentralistische Organisationsform, dieses eigentliche Wesensmerkmal des kapitalistischen Staates, als Grundriß für den Aufbau der vom Kapitalismus befreiten Gesellschaft übernehmen wollen.

Es ist dargelegt worden, daß die allgemeinen Verhältnisse das Verhalten der Menschen bestimmen, daß hingegen diese Verhältnisse zum erheblichen Teil aus willensgelenkten Veranstaltungen der Menschen selbst entstehen, somit auch das Verhalten die Verhältnisse schafft. Allgemein kann gelten, daß gleichartige Verhältnisse gleichartiges Verhalten zur Folge haben, gleichartiges Verhalten also ebenso gleichartige Verhältnisse bewirkt. Hat der Kapitalismus zur Kräftigung seiner Herrschaft über die Menschen eine zentralisierte Staatsverwaltung eingerichtet, die bei steter Steigerung des obrigkeitlichen Drucks die Macht des Kapitals dauernd vermehrt hat und rückwirkend eine ständige Erweiterung der staatlichen Befugnisse zum Schaden der Arbeiter und zum Nutzen der Bevorrechtigten verursachte, so bedeutet das, daß der von oben geleitete Staat die allein geeignete Organisationsform zur Erhaltung und Förderung kapitalistischer Wirtschaftsführung ist; zugleich aber bedeutet es, daß nur kapitalistische Verhältnisse mit dem staatlichen Zentralismus im Sinne der beabsichtigten Wirkung schalten können, und daß ferner jede staatliche Zentralmacht Kapitalismus entwickeln und, wo er etwa nicht oder nicht mehr vorhanden ist, neu erzeugen muß. Wenn daher gewisse Auslegungen der marxistischen Lehre davon überzeugen wollen, daß das Wesen des Kapitalismus durch die Verfügung privater Ausbeuter über die Produktionsmittel bedingt sei, ihre Bewirtschaftung durch den Staat jedoch bereits als Kennzeichen des Sozialismus gedeutet werden dürfe, so kann nicht heftig genug gegen eine solche Verfälschung und Umkehrung des sozialistischen Grundgedankens Einspruch erhoben werden. *Staatskapitalismus,* auch wenn man ihn *Staatssozialismus* nennen will, hat mit wirklichem Sozialismus nicht das allergeringste zu tun, ist im Gegenteil die dem Gemeinschafts-, Gegenseitigkeits- und Selbstverantwortungsgeist, ohne den kein Sozialismus sein kann, feindlichste Form der kapitalistischen Verknechtung.

Dabei ist es völlig gleichgültig, ob der Staat vom Proletariat erobert wird, um ihn in allmählicher Umgestaltung für sozialistische Lebensbedingungen herzurichten, oder ob man anstelle des durch Revolution zerstörten privatkapitalistischen Staates einen anderen schafft, in dem von vornherein Staatsgewalten die Obliegenheiten des Nutznießers der der eigenen Verfügung und Auswertung entzogenen Arbeitskraft der werktätigen Menschen versehen. Auch das Zugeständnis an die natürliche Einsicht der Sozialisten, die die Unvereinbarkeit von Staat und gesellschaftlicher Gleichheit erkennen, ist wertlos, wonach der mit dem Streben zu sozialistischen Wirtschaftsformen regierte Staat die Eigenschaft habe, mit dem Hinschwinden des Kapitalismus sich selbst überflüssig zu machen, abzusterben und einer Gesellschaft föderativ verbundener Gleichberechtigter den Weg zur Vollendung des Sozialismus freizumachen. Ein Staat stirbt nicht ab, sondern festigt sich, indem er die Grundlagen, auf denen er ruht, ausbaut. Die Grundlagen des Staates sind die kapitalistischen Klassenverhältnisse, und es macht keinen Unterschied, ob die Klassengegensätze aus der Privatverfügung Weniger über die Erde und die Arbeitsmittel stammen oder durch die Übertragung derselben Verfügung auf eine Auslese staatlicher Befehlshaber herbeigeführt werden. Mag es immerhin moralisch befriedigender sein, die Ausbeutungsrechte nicht in den Händen persönlicher Habgier zu wissen, – es kommt darauf an, daß alle

Ausbeutung ausgetilgt, nicht darauf, daß sie entpersönlicht wird. Für den schaffenden Menschen ist es ohne Bedeutung, ob seine Leistung einer Aktiengesellschaft zugute kommt, die den Nutzen daraus in Form von Gewinnanteilen Leuten zuführt, welche mit der Arbeit selbst gar keine Berührung haben, häufig nicht einmal wissen, was in dem Werk, dessen Mitinhaber sie sind, überhaupt hergestellt wird, – oder ob der Staat seinen Arbeitsertrag einzieht. Die Wirkung ist für ihn ganz gleich: das Erzeugnis seiner Arbeit gehört nicht ihm, es ist seiner Verfügung entzogen, und sein Vorteil liegt überhaupt nicht darin, daß das Erzeugnis da ist, sondern nur darin, daß er für die Herstellung Lohn erhält. Am Lohnsystem ändert sich durch die Überführung des Privatkapitalismus in Staatskapitalismus nicht das geringste, das Lohnsystem aber ist das Kennzeichen der Ausbeutung.

Die Behauptung, durch die Beschlagnahme der Arbeitskraft von Staats wegen werde, wenn auch die Wirtschaftsweise ausbeuterischen Charakter zu tragen scheine, die sozialistische Ordnung auf die Weise hergestellt, daß das Arbeitserzeugnis Gemeinschaftszwecken diene, fälscht den Grundgedanken des Sozialismus. Abgesehen von dem Anspruch der Kapitalisten, auch ihrerseits Werte erarbeiten zu lassen, die dem allgemeinen Bedarf angepaßt sind, und den Überschuß zum größten Teil wiederum in bedarfssteigernde Produktion umzusetzen, fehlt hier wie dort die Selbstbestimmung der Arbeiter über die Verwendung ihrer Leistung. Damit entfällt zugleich die Berechtigung des Einwands, daß kapitalistische Arbeit, gleichviel ob eine Privatperson oder der Staat Auftraggeber sei, jemals dem gesellschaftlichen Nutzen untergeordnet wäre. Denn wo immer die Zuständigkeit von Auftraggeber und Beauftragten getrennt ist, kann von keinem gemeinschaftlichen Nutzen die Rede sein. Es trifft für den Staat in noch höherem Maße als für den privaten Unternehmer zu, daß in allen seinen Maßnahmen, zumal bei der Zuteilung von Arbeitsaufträgen, die Festigung seiner Stellung als Verfügungsmacht über die Arbeitsmittel leitender Beweggrund ist. Die Versorgung des Marktes mit lebensnotwendigem Bedarf ist in jeder Art Kapitalwirtschaft nur insoweit bestimmend, wie sie zur Stärkung dieser Machtstellung beiträgt. Wo das Vorrecht der Verfügung mit dem Bedürfnis des Volks in Widerspruch gerät, ist in allen Fällen, ohne Unterschied zwischen Privat- und Staatskapitalismus, die Versorgung der Gesamtheit benachteiligt.

Arbeiterselbstverwaltung

Das Vorrecht muß also beseitigt werden. Es kann nur beseitigt werden, indem an die Stelle der Arbeitsregelung von oben die *Selbstverwaltung* der arbeitenden Menschen tritt. Selbstverwaltung ist nichts anderes als Selbstverantwortung Gleicher auf Gegenseitigkeit, nichts anderes als föderative Organisation anstelle zentralistischer. In welcher Weise die föderative Arbeits- und Verteilungsorganisation der kommunistischen Anarchie durch das *Rätewesen*, die einzig vorstellbare Form der wirtschaftlichen Selbstverwaltung, zu verwirklichen sein wird, soll im zweiten Abschnitt gezeigt werden. Hier genügt die Aufstellung des allgemeingültigen Satzes: eine Gesellschaft, in welcher die Beziehungen von Arbeit und Verbrauch, der Menschen untereinander und des gesamten geistigen und materiellen Verkehrs unter Wahrung der Gleichberechtigung, Selbstverantwortlichkeit aller und gegenseitigen Unterstützung geregelt werden sollen, verlangt für alle Verrichtungen föderalistische Verwaltung, das ist unmittelbare Verständigung der Beteiligten untereinander. Zentrale Verbindungsstellen dienen einzig den Zwecken der Buchhaltung und der Übermittlung von Aufträgen, niemals solchen der selbständigen Amtsausübung und irgendwelcher vorgesetzten Behörde, deren vollständige Ausmerzung Voraussetzung aller Selbstverwaltung ist.
Der Versuch, mittels eines Übergangsstaates vom Kapitalismus zum Sozialismus zu gelangen, ist durch das Wesen des Staates als anordnende Zentralgewalt zum Scheitern verurteilt. Die staatliche Ordnung beruht auf dem Verfahren der Übertragung der öffentlichen Dienste auf eigens zu diesem Zweck aus der Gesamtheit ausgesonderte Beamte. Wollte nach dem Sturz der

kapitalistischen Gesellschaftsordnung der Sozialismus seine Daseinsformen nach demselben Verfahren einrichten, so würde sich die Wiederholung des Vorgangs ergeben, der bei der Teilung der gesellschaftlichen Obliegenheiten in Landbebauung und Landverteidigung die Unterdrückung der werktätigen durch die waffentätigen Menschen, damit die Klassenschichtung des Volkes und folgerichtig die Enteignung der Gesamtheit durch die starkgemachte Minderheit, die Ausbeutung, den Kapitalismus herbeiführte. Die vom Ganzen losgelöste Verwaltung müßte, genau wie die Waffenführer der Frühzeit sich als Adel selbständig machten und das Volk, das sich ihnen anvertraut hatte, in ein Lehnsverhältnis zwangen, in kürzester Zeit Selbstzweck werden. Selbst unter den gegenwärtigen Zuständen, wo die Beamtenschaft sich in völliger Abhängigkeit von der viel stärkeren Macht der Eigentümer des Landes und der produzierenden Mittel befindet, strebt der Staat in eifriger Anstrengung danach, den Wettstreit der Kapitalisten mit obrigkeitlichen Eingriffen in verwaltungsrechtliche Bindungen zu bringen, während die Kapitalisten sich im Gegenteil über die Ländergrenzen hinweg föderativ vereinigen, sich demgemäß aus den zentralistischen Staatseinengungen zu befreien suchen und die gesetzgebenden und ausführenden Sachwalter des Staates, mit je mehr Vollmachten sie sie zur Niederhaltung der arbeitenden Klasse versehen, um so entschlossener darauf bestehen, daß sie sich auf die Ausübung der Justiz, Polizei und Abgabeneintreibung sowie auf die Sicherung der eigenen Herrschaft über das nichtbesitzende Volk beschränken. Die Enteignung des Privatkapitals zugunsten des Staates würde den Ertrag der Arbeit zwar in andere Kanäle leiten, aber nicht die Abhängigkeit der Arbeitskräfte von ausbeutenden Gewalten mindern, sondern nur die Abhängigkeit des Staates von anderen als seinen eigenen Machtbedürfnissen aufheben. Die Staatsverwaltung, die Beamtenschaft, der regierende Apparat würde sich immer ungeheurer aufblähen und wie jede Herrschaft die Neigung hat, sich zur unabsetzbaren und unablösbaren Dauermacht zu entwickeln, alle Tätigkeit mit erzieherischen und gewaltsamen Mitteln auf das Ziel richten, das Wohl der Obrigkeit als das wahre Wohl der Gesamtheit erscheinen zu lassen. Am Ende dieses Weges steht die Erblichkeit der Bürokratie, die die Zurückführung der Ausbeutung in den Nutzen einer Oberklasse notwendig mit sich führt, also die restlose Wiederherstellung des Privatkapitalismus mit bloß ausgewechselten Eigentümergruppen und veränderter Ausdrucksweise zur Täuschung der Massen.

Der Marxismus vertritt im Staat und in den eigenen Organisationen den Standpunkt des starrsten Zentralismus. Er bekämpft die Obrigkeit des Gegenwartstaates, nicht weil sie das Volk in seiner Selbstbestimmung entrechtet, sondern weil sie die Unterdrükkung nicht auf die herrschende Klasse ausdehnt. Wir sehen also diesen Tatbestand: Der Kapitalismus hat den Staat nötig zu dem einzigen Zweck, zu dem er sich eignet, selbständige Entscheidungen der arbeitenden Menschen in ihren eigenen Angelegenheiten zu unterbinden; er hat ihn hierzu mit außerordentlich weitreichenden Vollmachten ausgestattet. Die Staatsgesetze dienen dem Schutz der kapitalistischen Einrichtungen und sind so gehalten, daß sie der Form nach für die Angehörigen beider Gesellschaftsklassen verpflichtend sind. Mit der Entwicklung des individualistischen Kapitalismus zu körperschaftlichen, über die Staatsgrenzen hinauswachsenden Ausbeutungsverbindungen haben sich die staatlichen Einheitsbestimmungen für die Angehörigen der besitzenden Klasse allmählich als zu eng erwiesen; sie streben daher für sich die Lockerung der Staatsbefugnisse an, zur besseren Beherrschung der mit der Vervollkommnung der Technik immer bedrängteren Klasse der Besitzlosen ihre noch straffere Gestaltung. Der Staat ist natürlich mit der Vermehrung seiner Macht über die Mehrheit zufrieden, wehrt sich aber seiner Machtminderung bei der Wahrung der eigentlichen Vorteile der herrschenden Klasse, solange nicht das gesamte Staatsgefüge nach dem Bedürfnis des international und körperschaftlich ausgebauten Kapitalismus umgewandelt ist (diese Umwandlung ergibt das Bild des faschistischen Staates). Die zentralistischen Sozialisten aber stellen sich auf die Seite des Staates in seinem Bemühen, sich nichts von seiner Allmacht wegnehmen zu lassen, greifen ihn aber an, weil er – und hier bestimmt, da es sich um einen Musterfall kapitalistischer Erscheinungen handelt, wirklich das ökonomische Sein das Bewußtsein – vor den Ansprüchen der besitzenden Klasse trotzdem Schritt für Schritt zurückweicht, und glauben, die rücksichtslose Machtentfaltung der Obrigkeit gegenüber der Armut habe seinen Grund in der Schwäche des Staates gegenüber dem Reichtum, nicht aber im Wesen der staatlichen Obrigkeit selbst. Sie wenden sich gegen die Obrigkeit nicht, weil sie Obrigkeit ist, sondern weil sie eine andere Obrigkeit wollen, gebildet von Leuten ihrer Meinung, von Leuten, die sich als Führer ihrer Parteien oder Gewerkschaften gewöhnt haben, zentralistisch zu regieren, Vorschriften zu erlassen, Zucht und Gehorsam zu fordern, sich Menschen zu unterwerfen und sie zugleich glauben zu machen, sie würden zu ihrem eigenen Nutzen, nicht zu dem der Regierer, regiert. An Obrigkeit und Drill, an zentrale Lenkung und Abgabe des Willens an übergeordnete Personen gewöhnt, zu Staatsglauben und Führervertrauen erzogen, werden die Staatssozialisten dem Staatskapitalismus erwünschte Staatsbürger sein. Nur wird dieser Staatskapitalismus aller Eigenschaften des Sozialismus ermangeln, der Gleichheit und der Gerechtigkeit, der Selbstverantwortlichkeit und der gegenseitigen Förderung, der Verbundenheit der Menschen untereinander und der Selbstverwaltung im gesellschaftlichen Zusammenwirken. Eine allmächtige Bürokratie wird von oben her jede selbständige Regung der Menschen unterdrücken und Ausdruck sein eines Staates, der so wenig Ähnlichkeit mit einer echten Gesellschaft hat wie alle früheren Staatsgebilde und der alle Keime einer klassengespaltenen Ausbeuterwirtschaft von Anbeginn in sich trägt.

Die Macht des Staates

Was nämlich den Staat zum Staate macht und was einen Staat dem andern bei allen übrigen Unterscheidungen gleichwertig an die Seite stellt, bleibt auch jedem Sozialistenstaat erhalten: der Ersatz der unmittelbaren Verbindung der Menschen untereinander durch die Überantwortung von *Macht* an Menschen zur

Beherrschung von Menschen. Die Verneinung der Macht in der gesellschaftlichen Organisation ist das maßgebliche Wesensmerkmal der Anarchie, oder, um dieser verneinenden Erklärung die bejahende Form zu geben: der Anarchismus kämpft anstatt für irgendeine Form der Macht für die gesellschaftlich organisierte Selbstverfügung und Selbstentschließung der Menschen. Unter Macht ist jede Inanspruchnahme oder Einräumung von Hoheitsbefugnissen zu verstehen, durch die die Menschen in regierende und regierte Gruppen getrennt werden. Hierbei spielt die Regierungsform nicht die geringste Rolle. Monarchie, Demokratie, Diktatur stellen als Staatsarten nur verschiedene Möglichkeiten im Verfahren der zentralistischen Menschenbeherrschung dar. Wenn die Demokratie sich darauf beruft, daß sie dem Volksganzen die Beteiligung an der öffentlichen Verwaltung mit gleichem Stimmrecht für alle gewährt, so ist daran zu erinnern, daß gleiches Stimmrecht nichts mit gleichem Recht zu tun hat und daß die Aussonderung von Abgeordneten eben die Beteiligung der Aussondernden an der Verwaltung verhindert und ihre Vertretung durch einander ablösende Machthaber bedeutet. Wo es Vorrechte des Besitzes gibt, kann kein formales Gleichsetzen von Stimmen wirkliche Gleichheit schaffen, ebensowenig wo die Selbstbestimmung der Menschen sich durch Verleihung von Macht ablösen läßt. Macht beruht immer auf wirtschaftlicher Überlegenheit, und die Abschaffung wirtschaftlicher Überlegenheit bei gleichzeitiger Aufrechterhaltung von Macht bewirkt unter allen Umständen das Bestreben derer, die über die Macht verfügen, sie durch Neugewinnung wirtschaftlicher Überlegenheit zu sichern. Jeder auch nur zeitweilige Gesetzgeber, sei er Landesoberster, Minister oder Parlamentarier, fühlt sich über diejenigen, denen er Vorschriften machen darf, emporgehoben, wird also, auch wenn er es vorher nicht war, Sachwalter einer vom Ganzen gelösten Oberschicht mit anderen, gesteigerten Bedürfnissen und Lebenszielen, hört auf, der Klasse anzugehören, die sich nach den Gesetzen und Vorschriften zu richten hat.

Das zeigt sich schon bei den zentralistisch organisierten Arbeitervereinigungen. Hier wird eine beamtete Führerschaft mit dem Vorrecht ausgestattet, die Richtlinien für das Verhalten und die Verpflichtungen der übrigen zu bestimmen, es entsteht Befehlsgewalt, Obrigkeit, Macht. Dadurch entsteht weiterhin eine grundsätzliche Scheidung der Interessen mit der Folge, daß der Kopf der Organisation ein Eigenleben gegenüber den Gliedern führt und daß die Verwaltung der Organisation Selbstzweck wird und stets seine Bedürfnisse wichtiger nimmt als die Aufgaben, derentwegen die Organisation geschaffen wurde.

Es liegt im Wesen der Macht, nicht nur ihre Erhaltung mit allen Mitteln zu verteidigen, sondern sich materiell und ideell immer stärker zu machen, ja, ihre Ausdehnung und Kräftigung als einzigen Inhalt allen ihrer Handlungen zugrunde zu legen. Menschen und gesellschaftlich lebenden Tieren ist das Machtstreben nicht angeboren. Erst jahrtausendelange Gewöhnung an Vorrecht und Entrechtung hat die Menschen, nur sie, zu dem Glauben gebracht, es sei in ihrer Natur bedingt, daß der Wettstreit um den Platz an der Sonnenseite des Daseins in der Form von Machtkämpfen geführt werden müsse. Gerade aber erst die Machtkämpfe haben mit der Spaltung des Menschengeschlechts in Herrschende und Beherrschte verursacht, daß es eine Sonnenseite und eine Schattenseite des Lebens gibt. Macht kann nicht sein, wo keine Ohnmacht ist. Wer nach Macht strebt, kann sein Ziel nur erreichen, indem er andere ohnmächtig macht. Die größte und umfassendste Macht der bisher erlebten Geschichte ist die vom Kapitalismus entwickelte Macht. Zweck der halt- und grenzenlosen Kapitalshäufung ist jedoch keineswegs dem Kapitalisten bloß ein Wohlleben zu verschaffen. Seine Absicht, in Reichtum zu leben und Aufwand zu treiben, läßt sich erreichen, ohne daß Milliardenwerte, ungeheure Ländereien, Bergwerke, ganze Industrieausbeuten unter die Verfügung eines einzelnen zu gelangen brauchten. Der Großkapitalist rafft seine Güter durchaus nicht zusammen, um sich ein bequemes Leben zu schaffen; er verwendet im Gegenteil außerordentlich mühevolle Tätigkeit auf die Erhaltung, Vermehrung und Vervielfältigung seines Kapitals, obwohl er weiß, daß sich durch die

Ausdehnung seines Eigentums an seiner Lebensführung gar nichts ändern wird und obwohl jede Vergrößerung seines Reichtums größere Anforderung an seine organisatorische Spannkraft stellt.

Die Kapitalist weiß sogar, daß bei gerechter und natürlicher Bewirtschaftung der Erde im Sozialismus, bei gleicher Berücksichtigung aller in der Regelung des Verbrauchs, für niemanden, also auch für ihn nicht, eine Verarmung im Sinne von Mangel an Gütern und Freuden eintreten würde. Denn der Boden trägt, wenn er sozialistisch gepflegt wird, genügend, um guten Wohlstand für alle Menschen zu verbürgen, und wir kämpfen für die kommunistische Anarchie nicht, um den Reichtum, sondern um die Armut abzuschaffen. Der Kapitalist macht sich reich, um andere arm zu machen. Sein Antrieb zur Kapitalanhäufung ist nicht Habsucht, sondern Machtgier. Je mehr Menschen er durch seinen Reichtum in Armut treibt, um so mehr Menschen macht er sich hörig. Je ärmer jemand ist, um so abhängiger ist er, je abhängiger er ist, um so besser kann er beherrscht werden. Darum bleibt es sich auch für den arbeitenden Menschen ganz gleich, ob seine Arbeitskraft von einem Privatmann oder einer Ausbeutergesellschaft gedungen wird oder vom Staat. Dadurch, daß ihm der Ertrag seiner Leistung vorenthalten bleibt, wird Macht geschaffen, von der er abhängig ist. Die Staatsmacht braucht seine Armut genau so wie der Private, um durch sie Macht auszuüben. Die Macht des Staates ist aber gefährlicher als jede andere Macht, weil sie mit dem Anspruch auftritt, Ausdruck des allgemeinen Willens zu sein und die von ihr der Arbeit abgenommenen Reichtümer dem allgemeinen Nutzen zuzuführen. In Wahrheit dienen diese Reichtümer ausschließlich der Erhaltung des Staates selbst, das heißt der Macht der Obrigkeit, die die Ohnmacht der Regierten braucht.

In der Erkenntnis, daß Macht, gleichviel wer sie ausübt, gleichviel zu welchem vorgegebenen oder wirklichen Zweck sie begründet wurde, Ausbeutung in sich trägt, ferner daß Staat und Zentralisation, gleichviel, welche sozialen Ziele sie sich gesetzt haben, Einrichtungen der Macht sind und also Ausbeutung betreiben müssen, stellt sich der Anarchismus die Aufgabe, die Macht als Form des gesellschaftlichen Lebens, demnach jede Art Staat von Grund aus zu zerstören und statt dessen die föderative Gemeinschaft Gleichberechtigter aufzubauen. Der oft erhobene Einwand, die Zerstörung der Macht setze durch ihre Vollzugsmittel doch wieder Machtanwendung voraus, beruht auf unklarem Denken. Die Worte *Macht, Zwang und Gewalt* bezeichnen nämlich völlig verschiedene Begriffe, deren Gleichsetzung und Verwechslung selbst schon in den Reihen der Anarchisten verheerende Irrtümer hervorgerufen hat. Gewalt ist ein Kampfmittel, daß sich von anderen Kampfmitteln wie Überredung, Überlistung, passiven Widerstand usw. gar nicht grundsätzlich unterscheidet. Die Behauptung, der anarchistische Gedanke sei unvermeidbar gerade mit dem Kampf, der die Anwendung körperlicher Kraft oder ihre mechanische Verstärkung durch Waffengebrauch vorsehe, ist eine willkürliche Verfälschung des anarchistischen Gedankens. Wem Gewalt im Kampfe unangenehm ist, mag sie vermeiden, mit Anarchismus hat solche persönliche Geschmacksrichtung nichts zu tun. Da der Anarchismus den Kampf bejaht, kann er nicht eine Abstufung zwischen den äußeren Kampfformen vornehmen und eine Grenze ziehen, jenseits deren der Kampf verneint wird. Auch die Anwendung von Zwang ist nicht allgemein im Widerspruch zu anarchistischem Verhalten. Ein im Kampf bezwungener Gegner muß selbstverständlich verhindert werden, den Kampf weiterzuführen. Ein sozialer Schädling muß genötigt werden, sich in die Notwendigkeit der gemeinsamen Lebensgestaltung einzufügen. Solche Verhinderung und Nötigung ist Zwang. Unzulässig im Sinne anarchistischer Auffassung werden Gewalt und Zwang erst, wenn sie im Dienste einer Befehlshoheit stehen, und daraus erklärt sich eben die oberflächliche Gleichsetzung der drei Begriffe, daß der Staat kraft seiner Macht den Alleingebrauch von Zwang und Gewalt für sich in Anspruch nimmt. Der Anarchismus ist gegen Staatsgewalt und Staatszwang, weil er gegen Staatsmacht ist. Um der Sauberkeit des Denkens willen muß aber unterschieden werden: Gewalt ist Kampfhandlung, bloßes Mittel zur Erreichung eines Zwecks; Zwang ist Maßregel im Kampf und Mittel zur Sicherung des erreichten Kampfzwekkes, Macht ist ein Dauerzustand von Gewalt und Zwang zur Niederhaltung von Gleichheitsgelüsten, ist das von oben her verfügte Zwangs- und Gewaltmonopol der Herrschaft.

Die Autorität

Macht bezeichnet somit die tatsächliche Gegebenheit, die aus jedem zentralistischen, obrigkeitlichen, gesetzgebundenen, staatlichen Verhältnis erwächst. Als sittlicher Grundlage ihrer Herrschbefugnisse bedient sie sich des den Menschen eingeimpften Glaubens an die Berechtigung und Notwendigkeit der *Autorität*. Autorität ist die Maßgeblichkeit fremder Erkenntnis für das eigene Urteil. Der Anspruch auf Autorität bedeutet also die Forderung, daß Menschen auf eine Meinung verzichten sollen, an deren Stelle die blinde Anerkennung fertig gelieferter Gedanken, Regeln und Grundsätze zu treten hat. Die Hinnahme von Autorität bedeutet demgemäß Preisgabe der Denkkraft und des Willens, Unterordnung der Persönlichkeit unter von außen zugetragene Glaubenssätze und Vorschriften. Es ist ohne weiteres klar, daß Macht nicht ertragen würde, wäre der menschliche Geist nicht zuvor der Einwirkung der Autorität zugänglich gemacht worden. Wo Autorität Eingang hat, kann sich Macht festsetzen; wo Macht waltet, schafft sie der Autorität immer neue Zugänge. Seit Menschen andern Menschen Macht über sich eingeräumt haben und dadurch Machthunger sich zum wichtigsten Gestalter gesellschaftlicher Beziehungen zwischen den Menschen entwickeln konnte – im Machtgelüst liegt das hervorstechendste Unterscheidungsmerkmal des Menschen gegenüber den Tieren, bei denen das natürliche Gesellschaftsdasein nirgends von Machtverhältnissen innerhalb der gleichen Gattung verdrängt werden konnte –, seit den Anfängen der Heranbildung von Vorrechten unter den Menschen ist zu allen Zeiten der Glaube an Autorität bei denen großgezüchtet worden, die ein Machtwille sich zur Beherrschung ausersehen hatte. Denn Autorität gründet sich auf seelische Beeinflussung, auf Zubereitung

des Geistes, Glauben und Vertrauen auf Kosten von Denken und Urteilen gelten zu lassen. Wer so weit gebracht ist, zu glauben, ohne zu prüfen, und sei es selbst das Unmögliche und Vernunftwidrige, der wird auch bereit sein, zu gehorchen, ohne sich aufzulehnen, selbst wo das Zweckwidrigste und seinem Vorteil Entgegengesetzte von ihm verlangt wird.
Der älteste und bis heute bewährteste Weg, Autoritätsglauben zu erwecken, ist die Vortäuschung überirdischer, göttlicher Mächte, deren Gebot der Mensch willfährig, deren Urteil er verantwortlich zu sein hat. Das ursprüngliche Gefühl von Recht und Unrecht ließe keinen Angriff auf die menschliche Selbstbestimmung zu. Das Bewußtsein, daß nur Gleichheit und Gegenseitigkeit wirkliches gesellschaftliches Recht ermöglicht, schlösse jede Machtbetätigung von Menschen über Menschen aus. Dem unverbildeten Gemüt des naturverbundenen Menschen konnte der Sinn für Obrigkeitsvorrecht und Untertanenverpflichtung daher nicht anders beigebracht werden als durch die Vorstellung, außerweltliche, himmlische Wesen seien die Schöpfer und Lenker aller Dinge, ihnen, nicht sich selbst oder seinesgleichen sei der Mensch in allem Tun und Lassen verantwortlich. Wem der Glaube an göttliche Allmacht begreiflich gemacht war, der konnte für den Glauben an menschliche Macht gewonnen werden. Dazu bedurfte es nur der Einflüsterung, die Götter übertrügen den Wachdienst über das Verhalten der Menschen mit höheren Weihen versehenen irdischen Stellvertretern. So gelang es, die Autorität der Priester sicherzustellen und damit jeder weiteren Autorität Zutritt zum gesellschaftlichen Bewußtsein zu schaffen. In guter Kenntnis der Menschenseele wußten die Priester, daß die natürliche Abwehr jeder Autorität im Selbstgefühl begründet ist, das auf Selbstbestimmung und gleichberechtigte Übereinkunft hinweist. Selbstgefühl und Stolz kann nur durch Erregung von Furcht gebrochen werden. Darum wurde mit dem Glauben an die Götter zugleich die Angst vor ihnen den Gemütern eingeflößt. Die Furcht, sonst allgemein als Kläglichkeit betrachtet, wurde den unsichtbaren Göttern gegenüber zur tugendhaften Pflicht erhoben. Wer aber einmal Gottes-

furcht gelernt hat, der wird auch Priesterfurcht, Königsfurcht, Gesetzesfurcht und Eigentumsfurcht lernen und sich nach Belieben regieren lassen.

Außer dem Selbstbewußtsein mußte auch das angeborene Rechtsgefühl, das sozialen Ursprungs ist, gebrochen werden, um auf Autorität Macht begründen zu können. Die Verletzung des sozialen Rechtsempfindens geschieht durch Verweigerung der Gleichberechtigung oder Aufhebung der Gegenseitigkeit im gesellschaftlichen Leben. Da jedoch die Autorität Ungleichheit und Abhängigkeit zur Lebensbedingung hat, mußte der Begriff des Unrechts von seiner selbstverständlichen Bedeutung abgebogen werden. Die Priester ersannen dazu die von der Beziehung zur Gesellschaft losgelöste und nur in Beziehung zur Gottheit festgelegte Sünde. Unrecht ist die Verfehlung gegen die menschliche Gemeinschaft, Sünde die Verfehlung gegen die göttliche, mithin gegen die priesterliche Autorität. Während jedoch der Bestand der sozialen Gemeinschaft durch alles die Gegenseitigkeit störende Unrecht bedroht wird, ist das Begehen sündiger Handlungen Lebensbedingung für die Autorität derer, die über Menschenseelen herrschen wollen. Sie brauchen die Schuld ihrer Gläubigen, weil nur die zerknirschte Seele sich himmlischen Machtsprüchen unterwirft. Alle Priesterschaft lebt vom schlechten Gewissen der Menschen, aber nur die Vorstellung von Strafen nach dem Tode und von Beaufsichtigung auch der geheimsten Gedanken und Regungen hält die Furcht dauernd rege, selbst bei gerechtestem Wandel im Verkehr mit dem Mitmenschen von den göttlichen Geboten abzuirren. Liegt es doch in der Natur jeder Autorität, alle moralischen Verpflichtungen, die das soziale Gewissen fordert, aufzuheben – anders könnte ja keine Obrigkeit ihre eigene Verletzung der Gleichheitsidee sittlich rechtfertigen – und die volle Verantwortung in allen Dingen unter außerhalb der persönlichen Würdigung stehende feste Gebote zu stellen.

Das soziale Bewußtsein unterscheidet rechtliche und widerrechtliche Handlungen; ihr Prüfstein ist die Achtung oder Mißachtung der Gleichberechtigung. Die Autorität dagegen unterscheidet erlaubte und verbotene Handlungen; ein den Beherrschten zugänglicher Prüfstein für ihre moralische Verschiedenheit ist nicht vorhanden. Die Gottheit, die Priesterschaft, in der Folge der Herzog, der Fürst, der Adel, die Führung befiehlt, verbietet, macht schuldig, straft, besteuert, nutzt aus. Das Gesetz tritt an die Stelle der Selbstbestimmung, der Glaube an die Stelle des Urteils, der Gehorsam an die Stelle der Verantwortung, die Demut an die Stelle des Mutes, die Jenseitsfurcht an die Stelle des Diesseitskampfes. Die soziale Gemeinschaft dankt ab zugunsten der unmündigen Bereitschaft, Schuld zu häufen, zu bereuen und abzubüßen, Macht anzubeten und Macht anzustreben, die Persönlichkeit mitsamt der Gesellschaft zu töten und das irdische Leben an ein überirdisches Himmelreich zu verraten. Wer aber im Tode in den Himmel will, der will im Leben an die Macht, und wer im Leben die Macht hat, der tröstet seine Opfer mit dem Himmelreich nach dem Tode.

Solange die Völker sich unbefangen der Natur verschwistert fühlten, in gesellschaftlicher Gegenseitigkeit schufen und genossen, gab es bei ihnen noch keine zentrale Gottheit mit unbeschränkter Autorität. Das kindliche Verehrungsbedürfnis gab den Gestirnen und den Naturkräften Götternamen, aber die heidnischen Religionen verteilten die segenvollen Eigenschaften, die sie den Sinnbildern und Geistern beimaßen, unter die vorgestellten höheren Wesen, und so konnten auch die Priester jeweils nur auf dem Gebiet Autorität geltend machen, auf dem ihre Götter anbetungswürdig schienen. Erst das Judentum zentralisierte den Gottgedanken, erst die jüdisch-christliche Religion stellte eine Allmacht über der Menschheit auf, schuf den Begriff der Gottesknechtschaft, unterwarf Denken, Fühlen und Handeln den unantastbaren Satzungen einer jeder Absetzbarkeit, ja, jeder Anzweiflung entzogenen einheitlichen Autorität. Die Priester des allmächtigen, allwissenden, allgegenwärtigen Gottes erlangten dadurch die schrankenlose Macht über die Seelen der Gläubigen, eine Macht, der sie durch die Errichtung der Kirche den Halt der vollkommensten Zentralisation gaben.

Daß der Anarchismus mit dem Glauben an eine außerhalb der

Persönlichkeit wirkende bewußte und willensbegabte Kraft unvereinbar ist, bedarf keiner besonderen Darlegung. Der Begriff der Religion könnte nur insofern mit anarchistischer Denkweise in Übereinstimmung gebracht werden, wie er als Hingebung und Versunkenheit des Ich in seiner Beziehung zu Menschheit und Weltall gemeint wäre. Wo aber, wie es hier und da geschieht, von christlichem Anarchismus geredet wird, liegt immer der Verdacht nahe, es solle die Ablehnung des Staates und der irdischen Obrigkeit zum Ausdruck kommen, hingegen der sich selbst mißtrauenden Seele die Zuflucht zu einer jenseitigen Schöpfer- und Bewacherautorität offengehalten werden. Jede wirkliche oder vorgestellte Autorität ist aber Preisgabe der Selbstverantwortlichkeit an eine über der Persönlichkeit wirkende Macht mit der Bedeutung von Aufsicht, Befehlsgewalt und Gerichtsbarkeit.

Es ist nur folgerichtig, daß die staatliche Autorität sich als moralischer Machtstütze stets und überall der kirchlichen Gebotsformen bedient; ebenso, daß die Kirche nach bester Möglichkeit die staatlichen Machtmittel zum Schutze der göttlichen Autorität in Anspruch nimmt. Die der Staatsmacht in jahrhundertelangen Kämpfen von den sich gegen jeden Gewissenszwang immer wieder aufbäumenden Völkern abgetrotzte formale Anerkennung der Glaubensfreiheit ist den Gesetzgebern fast nirgends ein Hindernis, den jüdisch-christlichen Eingott als tatsächlich vorhanden anzunehmen und unter besonderen Schutz zu stellen. Der Kampf gegen die kirchlichen Lehren von freiheitlichen Gesichtspunkten aus ist auch in Ländern, die in Technik und Wissenschaften weit vorgeschritten sind, größeren Erschwerungen unterworfen als sogar der Kampf gegen den Staat und seine Gesetze und Einrichtungen. Angriffe mit den wirksamen Mitteln des Spottes und der zornigen Grobheit werden von Gott und seinen irdischen Stellvertretern unter Einsatz schwerster staatlicher Straf- und Unterdrückungsmittel abgewehrt. Denn die Religion liefert dem Staate dank ihrer Berufung zur Seelsorge, welche alles irdische Glück aus willigem Glauben, aus Befolgen bestimmter Vorschriften für alles Fühlen und Verhalten und aus der Vorbereitung eines ewigen bewußten Lebens nach dem Tode herleitet, die sittliche Grundlage, die ihm gestattet, auf den Gehorsam gegen seine Regierung zu rechnen. So ist es auch kein Widerspruch, daß der Staat seine Gesetze keineswegs durchweg, wie es die Nurmaterialisten meinen beweisen zu können, nach den unmittelbaren Bedürfnissen der Kapitalisten herrichtet. Von der Aufrechterhaltung der Strafen, welche zum Beispiel das geschlechtliche Verhalten außerhalb der Ehe bedrohen, die bestimmte Veranlagungen verfemen oder die Leibesfrucht der eigenen Entschließung der Frauen entziehen, hängen die Ausbeutungsrechte der Grund-, Haus- und Maschineneigentümer schwerlich ab. In diesen und ähnlichen Fällen dient das Staatsgesetz einfach der Unterstützung der Kirche, in ihrer Aufgabe, den Wandel der Menschen in den privatesten Angelegenheiten zu überwachen und eine Verselbständigung der Persönlichkeit gegenüber den göttlichen Regeln zu verhindern. Indem der Staat die Macht der Kirche dadurch befestigt, daß er das, was sie Sünde nennt, mit seinen Zwangsvorrichtungen unterbindet, verbreitert er gleichzeitig sein eigenes Machtgebiet über die Grenzen des ihm ursprünglich zugedachten Beherrschungsbereichs des öffentlichen Ordnungsdienstes hinaus. Der Kirche kann dieser staatliche Machtzuwachs aus zwei Gründen nur erwünscht sein: einmal verdingt sich ihr der Staat als Vollstreckungsorgan mit seinen physischen Kräften da, wo ihr eigene Ausführungsgewalt nicht zur Verfügung steht; ferner aber ist keine Macht imstande, sich für die Dauer stark zu erhalten, wenn sie nicht mit der Ausübung von Macht die Verleihung von Macht verbindet. Die Kirchenmacht läßt die Staatsmacht in ihre Bezirke ein, um ihrerseits wiederum Macht über Dinge zu erwerben, die in den weltlichen Geschäftskreis des Staates zu gehören scheinen. Die Macht über die Seelen, die sie kraft der religiösen Beeinflussung der Menschen ausübt, ergänzt sie durch Erringung politischer Macht im Staate. Dadurch macht sie sich den ökonomischen Machthabern unentbehrlich, die nun der Kirche die Wege zu weiterer Entfaltung von Autorität öffnen. Sie liefern der Kirche die Schule aus und erreichen so, daß die Jugend im Geiste der Autorität erzogen wird, somit brauchbaren Stoff zum Beherrschtwerden, willigen Ausbeutungsnachwuchs hergibt und frühzeitig den Drang pflegt, selbst Machtinhaber zu werden. Sie wissen, daß nur der ein guter Knecht ist, der selbst knechtet oder doch knechten möchte, wie die Kirche weiß, daß nur der mit Leidenschaft Herr sein kann, der noch einen Herrn über sich fühlt. Also: mit dem Erwachen von Machtsucht schufen sich die Menschen die Gottheit. Sie unterwarfen sich ihrer Herrschaft, um andere Menschen der eigenen Herrschaft unterwerfen zu können. Jeder Unterworfene wird wiederum mit Macht ausgestattet, damit er um so leichter beherrscht werden kann. Jede Unterwerfung und Beherrschung führt zu materieller Ausbeutung, jede Ausbeutung zu Autorität, Zentralismus, Staat. Gott und der Staat sind die beiden Pole der Macht, die auf der Verneinung von Gleichberechtigung, Gegenseitigkeit und Selbstverantwortung beruht.

[...]

Ordnung und Freiheit

In Anarchie leben, in Anarchie wirtschaften heißt aber dem Leben und der Wirtschaft die *Ordnung der Freiheit* schaffen. Das nämlich ist die Erkenntnis der anarchistischen Lehre: es gibt keine Ordnung ohne Freiheit, und Staat und Zentralismus, Autorität und Macht sind nicht allein unvereinbar mit aller Freiheit, sie sind auch unvereinbar mit aller wirklichen Ordnung im lebendigen Gesellschaftsgeschehen. Was im vorigen als die Wesensform des Föderalismus zu bestimmen versucht wurde, kann im allgemeinen zugleich als die Organisation freiheitlicher Ordnung gelten. Unter Ordnung versteht der Sprachgebrauch die Innehaltung einheitlicher Gesichtspunkte im gesellschaftlichen Handeln. Wo Zentralismus, also die Regelung der Dinge nach obrigkeitlichen Anweisungen, waltet, unterliegen die Gesichtspunkte des gesellschaftlichen Handelns den wechselnden Nutzzwecken der Macht; ihre Einheitlichkeit ist daher nicht verbürgt. Das Ineinandergreifen der schaffenden Kräfte, die das einzige Merkmal lebendiger Ordnung ist, wird zur mechanischen Geschäftigkeit, zum Zwangsdienst zusammenhangloser Leistungen verdorben. Zusammenhanglosigkeit aber ist das Gegenteil von Ordnung, nämlich Unterordnung, Drill, Zucht, Unfreiheit, Knechtschaft. Eine geordnete Gesellschaft besteht durch verbundenen Willen der Menschen zur Erfüllung einheitlich erkannter, gemeinsamer Aufgaben, setzt also Gleichheit, Gegenseitigkeitsverpflichtung und soziales Verantwortungsbewußtsein jedes einzelnen voraus. Mit einem Wort: Ordnung im Sinne anarchistischer Auffassung kann nur wachsen aus der Selbstbestimmung derer, die Ordnung halten sollen. Ordnung aus Selbstbestimmung aber ist gleichbedeutend mit gesellschaftlicher Freiheit.

Freiheit ist der Inbegriff alles anarchistischen Denkens und Wollens. Um der Freiheit willen sind wir Anarchisten, um der Freiheit willen Sozialisten und Kommunisten, um der Freiheit willen kämpfen wir für Gleichheit, Gegenseitigkeit und Selbstverantwortlichkeit, um der Freiheit willen sind wir international und föderalistisch gesinnt. Dennoch ist das Wort Freiheit in dieser Aufzeichnung eines Grundrisses des anarchistischen Weltbildes bis jetzt mit Bedacht vermieden worden. Das geschah, weil der Wille zur Freiheit so ursprünglich und tief in den Seelen der Menschen steckt, daß keine noch so autoritäre Lehre ohne die Anwendung des Freiheitsbegriffs und die Behauptung, sie sei die eigentliche Inhaberin des Freiheitsgedankens, auskommen kann. Sogar jeder Staat, sei er demokratisch, faschistisch oder bürokratisch regiert, beruft sich auf die Freiheit, wenn er Gesetze erläßt, Kriege führt und Gesinnungen unterdrückt. Alle Revolutionen werden unternommen, weil die Unfreiheit unerträglich geworden ist, und ihr belebender Kampfruf gilt immer der Freiheit. Aber noch alle Revolutionen sind verlorengegangen oder doch von dem Wege abgeglitten, den die Revolutionäre gehen wollten, weil das Verlangen nach Freiheit unerfüllt geblieben ist. Denn keine Partei, die sich an die Spitze einer Revolution stellt, um sich an die Spitze des Volkes zu stellen, das heißt, um die Macht über die Menschen zu ergreifen, geht in ihrer Freiheitswerbung je über das Versprechen hinaus, sie werde den Zustand beseitigen, in dem sich das Fehlen von Freiheit gerade in die Erscheinung setzt. Niemals erfahren ihre Anhänger in faßlicher Bestimmtheit, wie die verkündete Freiheit insgesamt beschaffen sein soll. Im besten Falle werden Freiheiten versprochen, die in einzelnen Punkten Erleichterungen gegen das Bestehende darstellen, nicht aber ein freiheitliches Gesellschaftsbild insgesamt zeigen.

Freiheit ist indessen nichts, was gewährt werden kann. Freiheit wird genommen und gelebt. Auch ist Freiheit keine Summe von Freiheiten, sondern die alle Lebensumstände umfassende Einheit der von jeder Obrigkeit und jeder Autorität gelösten Ordnung der Dinge. Es gibt keine Freiheit der Gesellschaft, wenn die Menschen in Unfreiheit leben. Es gibt keine Freiheit der Menschen, wenn die Gesellschaft unfrei, zentralistisch, staatlich, machtmäßig organisiert ist. Die Freiheit der Anarchie ist die freie Verbündung freier Menschen zu einer freien Gesellschaft. Frei ist der Mensch, welcher freiwillig handelt, der alles, was er tut, aus der eigenen Einsicht der Notwendigkeit oder Wünschbarkeit seiner Tat verrichtet. Die Voraussetzung dafür, daß jeder Mensch nur in freiwilliger Entschlossenheit das Seinige tut, ist eine Gesellschaft, die keine Vorrechte durch Macht oder Eigentum kennt. Alles Eigentum und alle ideelle Macht schafft Abhängigkeit, hebt somit die Freiwilligkeit aller in allem Beschließen und Handeln auf, ist also mit wirklicher Freiheit unvereinbar. Daher haben die Individualisten unrecht, wenn sie den Satz aufstellen, jeder Mensch habe den Anspruch auf Freiheit, doch ende dieser Anspruch bei der Freiheit des Nebenmenschen. Wo das Recht auf Freiheit für den einzelnen irgendeine Schranke findet, besteht keine gesellschaftliche Freiheit. Wenn nämlich die Begriffe Freiheit und Freiwilligkeit völlig gleichgesetzt werden, kann die Freiheit des einen niemals durch die Freiheit des anderen beeinträchtigt werden. Andernfalls liefe ja die die Freiheit des Mitmenschen störende Handlung auf Inanspruchnahme eines Vorrechts hinaus, es bestände also der Zustand der Macht und der Unterordnung.

Wer jedoch Vorrecht und Macht ausüben will, ist dabei auf die Willfährigkeit von Mitmenschen angewiesen, handelt also selbst nicht mehr unabhängig. Auch hieraus wieder ergibt sich die vollständige Einheit von Gesellschaft und Persönlichkeit und die Richtigkeit der oben aufgestellten Behauptung, daß niemand frei sein kann, ohne daß es alle wären. Es bliebe noch der alte Einwand zu entkräften, daß die Freiheit der Menschen an der Erfahrungstatsache scheitere, die die Unselbständigkeit der meisten und ihr Angewiesensein auf einen *Führer* erweise. Abgesehen davon, daß die Unselbständigkeit der Mehrzahl das Erziehungsergebnis sämtlicher autoritären Mächte ist, die je Seelen und Arbeitskräfte der Menschen ausgebeutet haben, kann die unzweifelhafte Richtigkeit des Gemeinplatzes, daß es verschiedene Begabungen gibt, und daß für manche Erfordernisse Anweisungen geeigneter Sachkundiger zweckmäßig sind, als Beweis für die Naturbedingtheit gesellschaftlicher Unfreiheit nur von Leuten geltend gemacht werden, die unter dem Einfluß autoritärer Erziehung jeden Glauben an Freiheit verloren haben und selbst nach Macht streben. Wir Anarchisten verabscheuen eine Führerschaft mit Befehlsgewalt und auf Dauer gesicherter Wirksamkeit, also jede Staatsregierung, Beamtenschaft und Parteizentrale, jede Diktatur und jede Klüngelherrschaft. Aber wir leugnen weder die Nützlichkeit des Spielleiters im Theater noch des Vorsitzenden einer Versammlung oder des Kapitäns auf einem Schiff. Hier teilen persönliche Eigenschaften dem Geeigneten bestimmte Aufgaben in bestimmten Fällen zu. Im politischen Kampf und ebenso beim Aufruhr oder in der Abwehr bewaffneter Angriffe gilt dasselbe. Wie eine wandernde Herde dem Leittier folgt, das nicht gewählt ist, sondern voran geht, weil es sich die beste Witterung zutraut, aber ermüdet sogleich von jedem anderen Tier abgelöst werden kann, so verhält es sich bei den Menschen auch. Es gibt Wortführer, es gibt Rädelsführer, das sind Personen, denen gefolgt wird, weil sie am klarsten den Willen aller zum Ausdruck bringen oder am entschlossensten ans Werk des Handelns gehen. Führer ist, wer vormacht, nicht wer Gesetze gibt oder eine Gefolgschaft am Halfter hinter sich herzieht.

Führerschaft im Augenblick der Tat und ohne Anspruch auf Dauer und Verzicht der andern auf Urteil und Selbstbestimmung schließt keine Freiheit aus, solange die Freiwilligkeit der Diensteinteilung keine freiwillige Verknechtung bedeutet. Sie kann es nicht bedeuten, falls Freiheit und Freiwilligkeit immer als der umfassende Begriff für alle anarchistischen Gesellschaftswerte aufgefaßt wird. Es gibt keine Freiheit ohne Gleichheit, wie es keine Gleichberechtigung ohne Freiheit gibt. Völlige Freiwilligkeit ist nur möglich beim Bewußtsein wachster Selbstverantwortlichkeit und bei lebendiger Pflege gesellschaftlicher Gegenseitigkeitshilfe. Gegenseitigkeit aber und Selbstverantwortung, Selbstvertrauen, Selbstbestimmung können nur gedeihen, wo die Freiwilligkeit die Triebkraft alles Lebens ist. Anarchismus ist die Lehre von der Freiheit. Wo Ausbeutung ist, wo Macht ist, wo Autorität waltet, wo Zentralismus besteht, wo der Mensch den Menschen bewacht, wo befohlen und wo gehorcht wird, ist keine Freiheit. Die Zerstörung aller Obrigkeit, aller Vorrechte, aller Eigentums- und Versklavungseinrichtungen kann nur aus freiheitlichem Gemeinschaftsgeist erfolgen. Die staatlose Gemeinschaft freier Menschen, – das ist Kommunismus, die Verbundenheit Gleicher in Freiheit, das ist Anarchie!

[. . .]

Politik

Aus dieser allgemeinen Regel ergibt sich das Verhalten der Anarchisten in der *Politik* von selbst. Die Behauptung, die Anarchisten verneinten den politischen Kampf überhaupt, ist eine törichte, durch nichts gerechtfertigte Unterstellung. Politik ist Beschäftigung mit den öffentlichen Dingen. Der Vorsatz, die öffentlichen Dinge zu ändern, ist also allein schon und erst recht in Verbindung mit der planmäßigen Verfolgung dieses Vorsatzes, Bestandteil der Politik. Es handelt sich hier um eine marxistische Verdächtigung, um den Anarchismus wegen seiner Ablehnung einer Politik, die den Sozialismus auf dem Wege der Teilnahme an der Verwaltung des Staates herbeiführen möchte,

als unkämpferisch oder kampfunfähig erscheinen zu lassen. Die anarchistische Formel für den politischen Kampf war von jeher: Ablehnung jeder Politik, die nicht unmittelbar und direkt die Befreiung der Arbeiterklasse zum Ziele hat. Damit ist klar ausgedrückt, daß gerade die marxistische Politik der parlamentarischen Tätigkeit in den vom Kapital eingerichteten staatlichen Machtorganen von den Anarchisten als kampfhemmend angesehen wird, da sie nicht nur die Abgeordneten von ihrer Klasse loslöst und zur Oberschicht macht, sondern noch dazu den staatlichen Verwaltungsorganen den belebenden Auftrieb einer Opposition schafft, keinerlei Nutzen für das werktätige Volk im Sinne sozialistischer Förderung bewirken kann und die Proletariermassen mit der Einbildung füttert, die Übertragung ihrer Initiative auf mit weitreichenden Vollmachten versehene Vertreter ersetze den notwendigen selbstverantwortlichen Kampf der Arbeiterklasse selbst. Gar nicht davon zu reden, daß die Abordnung von Parlamentariern, Regierungsorganen, Stadträten, Staatsbeamten die Autorität jeder zentralen Obrigkeit befestigt und den Machtgedanken im Proletariat ungeheuer stärkt. Die Anarchisten verweigern dem Staat jede Art Hilfe. Ihre Politik erschöpft sich im Einsatz jedes einzelnen Individuums und aller autoritätsfeindlichen Vereinigungen zum unmittelbaren, auf das Ziel gerichteten Kampf gegen den Staat, gegen die staatlichen Einrichtungen und gegen alle zentralen Machtgebilde.
Damit beschränkt der Anarchismus nicht etwa seine Kampfmittel; er scheidet nur aus ihnen die Waffen aus, die er als stumpf erkannt hat. Die sich aus der anarchistischen Weltanschauung von selbst empfehlende Kampfesweise ist die des *unmittelbaren Eingreifens.* Da die Macht des Kapitalismus in der Produktionsweise und den Eigentumsrechten der bestehenden Gesellschaft gipfelt, bevorzugt die anarchistische Lehre den politischen Kampf in wirtschaftlichen Formen. Der vereinigte Wille der Menschen, deren Hände die Hebel der Maschinen bewegen, ist imstande, den gesamten kapitalistischen Apparat stillzulegen. Der Streik, die Unmöglichmachung der Arbeit (Sabotage), der passive Widerstand durch übertrieben genaue Beobachtung der

Betriebsvorschriften, durch Behinderung von Streikbrechern, durch absichtliche Pfuscharbeit, die Sperre (Boykott) für gewisse Waren sind Methoden der sogenannten direkten Aktion, alles Maßnahmen, die an den Opferwillen und die Entschlußkraft des einzelnen hohe Anforderungen stellen. Der Anarchismus schließt kein Kampfmittel aus, das der Persönlichkeit des Kämpfenden die Aufgabe stellt, unmittelbar einzugreifen oder seine Mitwirkung an gemeinschädlichen Maßnahmen, an unsozialen Arbeiten, an herausfordernden Zumutungen unter Einsatz seiner Person zu verweigern. So sollte kein Anarchist an staatlichen Kriegen teilnehmen, die stets für kapitalistische Zwecke von Proletariern gegeneinander ausgekämpft werden und die nicht nur alle Grundsätze des gleichen Rechtes, der gegenseitigen Hilfe und der Freiwilligkeit verhöhnen, die selbstverständliche Empfindungen der Menschlichkeit und jedes sittlichen Anstandes schänden, und die internationale Zusammengehörigkeit der Ausgebeuteten an die nationalen Interessen der international versippten Ausbeuter verraten, sondern mehr als alles andere dazu beitragen, den Machtgedanken und damit den Glauben an die himmlische und irdische Autorität, die Herren- und Sklaveninstinkte derer, die beherrscht werden sollen, ins Triebleben der entwürdigten Menschheit einzupflanzen.

Es braucht nicht im einzelnen aufgezählt zu werden, wo alles sich Möglichkeiten bieten, mit dem Mittel des unmittelbaren Eingreifens selbstverantwortlich und in gegenseitiger Hilfe den Lauf der öffentlichen Dinge im Sinne der Freiheit zu beeinflussen. Arbeitsverweigerung beim Bau von Kriegsschiffen, Kasernen, Zuchthäusern, Justizgebäuden, bei der Herstellung von Kriegswaffen, Polizeimunition, arbeiterfeindlichen Zeitungslügen, dies und tausend andere Arten der Selbsthilfe im politischen Kampfe gibt es, die dann angewendet werden können, wenn Entschlußkraft des einzelnen, verbundener Wille, Einsicht und Opferbereitschaft groß genug sind. Bei der Anwendung der Kampfmittel des persönlichen Eingreifens kann die Frage, ob sich Anarchisten an den Tageskämpfen um Lohn und Arbeitszeit beteiligen sollen, ganz ausscheiden. Der Verfasser dieser Schrift

teilt mit einer großen Zahl Anarchisten die Ansicht, daß das Einsetzen der eigenen Kraft eines Arbeiters für bessere Bezahlung bei verkürzter Leistung mit der Forderung, nur Kämpfe zu führen, die unmittelbar auf Befreiung gerichtet sind, in keinem Widerspruch steht. Der Bestand der kapitalistischen Wirtschaft wird durch Forderungen der Arbeiter, die nur fürs tägliche Brot geführt werden, nicht gestärkt, wie die Staatsmacht durch Teilnahme von Arbeiterparteien am Parlamentarismus gestärkt wird. Dagegen hebt jeder Streik das Selbstgefühl des Teilnehmers, vertieft das Gefühl kämpferischer Zusammengehörigkeit der Kameraden und erleichtert beim Erfolge die äußere Lebensführung des Arbeiters, wodurch nur Schwächlinge tatfaul, freie und starke Naturen aber beschwingt werden. Der Klassenkampf ist ein vom Kapitalismus geschaffener Zustand; die Weigerung der Arbeiter, sich innerhalb der gegebenen Verhältnisse an diesem Kampf auch dann zu beteiligen, wenn dadurch unmittelbare revolutionäre Erfolge nicht erzielt werden können, hieße, dem Feinde den Rücken widerstandslos hinhalten, ihn allein den Klassenkampf führen lassen und dadurch die eigene Kraft für den Augenblick schwächen, wo der Zustand des Klassenkampfes in entscheidende Auseinandersetzung übergehen könnte.
Die anarchistische Lehre schreibt keine Kampfmethode vor und lehnt keine ab, die mit Selbstbestimmung und Freiwilligkeit in Einklang steht. So ist bei gewaltsamen Aufständen der Wille des einzelnen allein ausschlaggebend für die Art seiner Mitwirkung auch dafür, ob und wie weit er sich in Kampfverbände eingliedern mag, deren Taktik in mancher Hinsicht von freiheitlichen Gesichtspunkten aus angreifbar ist. Es liegt nicht im Charakter eines jeden Menschen, bei großen Geschehnissen prüfend und nörgelnd abseits zu stehen, wenn nicht alles nach seinen Wünschen geschieht und lieber gar nichts zu tun als einem Kampfe beizustehen, der nicht überall vom rechten Geist erleuchtet ist. Noch immer, wo revolutionäre Kämpfe geführt wurden, waren die Anarchisten erfreulicherweise fast ausnahmslos dabei, an der Seite der Arbeiter, die zentralistischen Einflüssen unterstanden und autoritär mißleitet wurden. Hier entschied das soziale

Zugehörigkeitsgefühl, das Bewußtsein der Gegenseitigkeitsverpflichtung aller Ausgebeuteten, der unbezähmbare Kampfwille, der es nicht erträgt, andere gegen den gemeinsamen Feind allein zu lassen und vor allem der Wunsch, den Mut, die Aufopferung, die Leidenschaft, die da, wenn auch vielleicht mit schiefer Zielsetzung, Herrliches leistete, mit freiheitlichem Schwung zu beseelen. Mag bei solchem Wollen mancher Anarchist ziemlich weit aus seiner eigenen Bahn geraten sein, er hätte an der anarchistischen Idee erst dann Verrat geübt, wenn er die Kämpfer mit schulmeisterlichen Ordnungsrufen im Kampfe behindert hätte. Die Freiheit ist kein mustergeschütztes Gut mit ringsum abgemessenen und abgewogenen Eigenschaften. Die Freiheit ist ein geistiger Lebenswert, der überall Zugang finden kann, wo Kraft in Bewegung gekommen ist. Aufgabe der Anarchisten ist, der Freiheit den Zugang zu schaffen, wo Menschen im Kampf stehen.

[. . .]

Aufbau der Räteorganisation

Der Aufbau der Räteorganisation stellt also keinerlei Fragen der Wahlberechtigung oder der Wählbarkeit, der direkten und indirekten oder der Verhältniswahl. Solange die Revolution noch um ihren Bestand zu sorgen hat, beschränkt sich die Teilnahme an der Bestimmung des öffentlichen Geschehens allerdings auf die Sozialisten, die die Revolution unter allen Umständen direkt zu ihren letzten Zielen der von Räten versehenen Ordnung der Freiheit in der klassenlosen Gesellschaft vorzutreiben entschlossen sind. Sie müssen sich von den Betrieben und von den Wohnbezirken aus unter völliger Zurückstellung aller früheren Richtungszwistigkeiten und unter entschiedenster Ausschaltung aller zudrängenden Einmischungen von gelernten Politikern und autoritären Besserwissern nach der Gemeinsamkeit ihres Einfluß- und Tätigkeitsgebietes zusammenfinden und die Beratungen und Pflichtverteilungen vornehmen, die der Pflege des neuen Geistes und der Einführung der neuen Gesellschafts- und Wirtschaftsformen dienlich sind. Dazu gehört die ineinandergreifende Wirksamkeit von Arbeiter- und Bauernräten zur Sicherstellung der allgemeinen Versorgung, wie überall Erzeuger und Verbraucher gemeinsames Vorgehen bei der Wirtschaftsführung anstreben müssen. Auf dem Lande muß durch Aufklärung und Werbung, keinesfalls aber mit gewaltsamer Bekehrung von den Städten aus der Rätegedanke einleuchtend gemacht werden, dergestalt, daß vor der Ermöglichung sozialistischer Gleichheit die Eroberung der Räte als Stützpunkte für das wirtschaftlich überlegene Großbauerntum verhindert wird. Wo noch Ausbeutung in irgendeiner Form stattfindet, dürfen die Räteorgane nur Werkzeug der Ausgebeuteten und Benachteiligten sein, müssen also, soweit es sich um Bauernräte handelt, vor allem die Kleinbauern, die Landarbeiter und die Dorfarmen umfassen. Die städtischen Arbeiter haben beim Aufbau der Rätegesellschaft besonders darauf Bedacht zu nehmen, daß der föderalistische Charakter der sozialistischen Organisation von allem Anfang an aufmerksam beobachtet wird. Ein Rätestaat, der eine zentrale Überstülpung der Räteorgane in bestimmten Gebietsgrenzen vornimmt, mißbraucht die Räte zu ihrer eigenen Entrechtung und Vernichtung. Eine Rätegesellschaft, eine Räterepublik – das Wort Republik bezeichnet keineswegs ohne weiteres eine Staatsform, sondern jede Selbstverwaltung eines Gemeinwesens durch das Volk – eine Rätewirtschaft ist nur als föderatives Gebilde zu denken und kann niemals ein Staat sein oder in einem Staatsganzen Platz finden.

Die Räterepublik

Die *Räterepublik* baut sich von unten nach oben auf. Ihr eigentlicher Drehpunkt sind die städtischen und dörflichen Ortsräte. Sie können je nach Verhältnissen und Bedürfnis in gelegentlich oder regelmäßig zusammentretenden Einwohnerversammlungen die Tätigkeit der Betriebs- oder Ortsbezirksräte zur Kenntnis nehmen, erörtern, bemängeln, erweitern und zur Grundlage eigener Beschlüsse machen. Sie können für einzelne Zwecke Ausschüsse einsetzen, die Teilfragen behandeln und von

sich aus unter allgemeiner wachsamer Kontrolle Einzelpersonen mit der Erledigung gebundener Aufträge betrauen mögen. Sie werden die gesundheitlichen, baulichen, verkehrstechnischen Fragen der Stadt oder des Dorfes entscheiden, die Schul- und Rechtsangelegenheiten, den Schutz der allgemeinen Einrichtungen, kurz alles unter sich abmachen, was natürlicherweise von den unmittelbar Beteiligten und Betroffenen an Ort und Stelle erfüllt werden kann. Zum Beispiel: die Justiz im Staate kann niemals Recht schaffen, weil sie nach zentralen Anweisungen zentrale Behörden über individuelle Handlungen aburteilen läßt. Gerechtigkeit kann nur da an der Rechtsprechung teilhaben, wo die sozial schuldig gewordene Persönlichkeit von ihresgleichen, mit den räumlichen und seelischen Voraussetzungen der Tat vertrauten Menschen ohne Bindung an einförmige Vorschriften vernommen, überführt und notfalls an weiteren Schädigungen des allgemeinen Wohls verhindert wird. In der Räterepublik steht der Gleiche vor Gleichen, vor Nachbarn und Genossen.
Von der Gemeinde aus erstrecken sich die Räteverbindungen über die Nachbargebiete, über Provinzen und Länder und ohne nationale Einschränkung über den Erdkreis. Da mögen regelmäßige Rätekongresse in Provinziallandtagen oder gewerkschaftlichen oder sonst von Sonderbestrebungen geleiteten Reichs- und Weltzusammenkünften die jeweils tagesnotwendigen Vereinbarungen treffen, – der Rätegedanke wird dadurch zur geltenden Verhandlungsform erhoben, daß jeder Abgesandte nichts als Willensträger seiner örtlichen, beruflichen oder im Zielstreben verbundenen Entsender ist, denen er dauernd zur Rechenschaft verpflichtet bleibt, die ihm ihren Auftrag jederzeit entziehen und einen andern an seine Stelle berufen können. In der Zeit des revolutionären Überganges werden die örtlichen Räte und die Rätekongresse mehr als späterhin gezwungen sein, den gewandteren, rednerisch und organisatorisch begabteren einzelnen zur Gewinnung der noch schüchternen, staatlich verkümmerten, im Selbstvertrauen ungeübten Menschen eine nicht ganz ungefährliche Rädelsführerschaft zuzugestehen. Da wird es Sache der Anarchisten sein, aufzupassen, daß hieraus keine Autorität,

keine Machtführerschaft, kein Mißbrauch entsteht, und daß der revolutionäre Geist nie seine Sendung vergißt, der Geist der Freiheit zu sein.

Es wäre ein unsinniges Beginnen, über die Sichtbarmachung des vorgestellten Gesamtbildes einer Rätegesellschaft hinweg das ganze Räderwerk ihrer Organisation aus allen Einzelteilen zusammenbasteln zu wollen. Die Verwirklichung einer Idee gleicht selbst im vorbildlichsten Falle niemals den Träumen ihrer Vorkämpfer. Es muß daher genügen, für das Verstehen einer freiheitlichen Ordnung in der kommunistischen Anarchie die wichtigsten Grundbedingungen des Rätewesens gegenwärtig zu haben. Die Zusammensetzung der Räte geschieht nach den natürlichen Arbeits- und Lebensbeziehungen. Der Arbeiterrat einer industriellen Anlage, der zunächst wesenseins ist mit der Gesamtbelegschaft, regelt im Werk selbst die Verteilung der Pflichten nach der Art der Beschäftigung, berücksichtigt aber im Falle etwa der Beschlußfassung über einen Anbau die Wünsche und Bedenken aller verschiedenen Tätigkeitsgattungen, die mit dem Betriebe unmittelbar oder mittelbar verbunden sind. Es hätte also ein Betriebsrat sich zu bilden, dem Vertreter aller Abteilungen des Werkes, der Handarbeiter und der Buchhalter, der Pförtner und der Fenster- und Treppenreiniger anzugehören hätten, dazu Bautechniker und Maurer, Arbeiter von Werken, die mit dem betreffenden Betrieb in ständiger Verbindung stehen, gesundheitliche Gutachter, Frauen und Mädchen, die irgendwie besondere Interessen an dieser oder jener Festsetzung haben können, Vertreter der Gemeinde, in deren Bezirk der Bau entstehen soll, und wer sonst Anlaß haben möchte, die Sache der Seinen bei dem Plan zu verfechten oder seinen Rat nutzbar zu machen. In Angelegenheiten eines Krankenhauses haben billigerweise mitzureden Ärzte und Pflegepersonal, Hausbetreuer und Leichenbesorger, Kranke und deren Angehörige, Architekten und Handwerker. Die Anlage einer Landstraße geht die Anrainer an, die Nachbargemeinden, alle die Vorteil von dem Bau erhoffen und die Schaden von ihm befürchten, ferner Ingenieure, Arbeiter, Geometer, Elektrizitäts- und Wasserbau-

techniker, alle, die am Entwurf und an der Ausführung beteiligt sind, alle, die die örtlichen Verhältnisse beurteilen können, alle, die die Straße begehen und befahren werden. Hier bildet sich ein Rat aus Vertrauenspersonen aller dieser Interessierten, nur für den besonderen Zweck, unter ständiger Kontrolle arbeitend, jeder einzeln, gruppenweise oder im ganzen von den Interessierten jederzeit abberufbar und ersetzbar. Es scheint nicht nötig, weitere Beispiele einer solchen Gestaltung der öffentlichen Dinge vorzuführen. Jeder vermag selbst, dieses Verfahren der Beteiligung aller an allem in der Anwendung auf sämtliche gesellschaftliche Notwendigkeiten weiterzudenken und einzusehen, daß bei freiheitlichem Willen dies in der Tat das System ist, um die Ackerbestellung und den Warenaustausch, die Angelegenheiten des Verkehrs und die der Geistespflege im engen Kreise wie in weitem Umfange, von der Verständigung einiger Nachbarn bis zur Weltföderation in Gang zu halten und jeden zum Sachwalter aller, alle zu Sachwaltern jedes einzelnen zu machen bei voller Gleichberechtigung, bei voller Freiwilligkeit, ohne Vorrang und Macht.
Hat man das Wesen der Räte so als den Inbegriff des lebendigen Zusammenklangs von Persönlichkeit und Gesellschaft begriffen, dann verliert die Frage, ob die Forderung: *Alle Macht den Räten!* von Anarchisten erhoben werden dürfe, jeden Inhalt. Vielleicht ist es nicht günstig, das Wort Macht in irgendeinem Zusammenhange anzuwenden. Doch ist diese Forderung ja gerade in der Bedeutung entstanden, daß jede Staatsmacht gebrochen werden soll, daß alle bestimmende und ausführende Gewalt von der Revolution, also von der revolutionären Klasse, von der Arbeiter- und Bauernschaft, und von deren revolutionären Organen, den Räten, die wiederum die Gesamtheit der Werktätigen verkörpern, übernommen werden soll. Mit dem Lebendigwerden des Sozialismus schwinden die Klassen, und der Zwang der Revolution gegen die ihr widerstrebenden Gegenrevolutionäre der besiegten Klasse vermindert sich stufenweise fortschreitend bis zur völligen Rechtsgleichheit aller und ihrem Zusammenwirken in den Räten. Die Macht aller, ohne Unterschied an der

Aufrichtung der staatlosen kommunistischen Gesellschaft Schaffenden, und dies wäre eben die Rätemacht, ist natürlich keine Macht mehr, da niemand da ist, über den sie geübt würde. Die Losung ist immerhin besser als die der proletarischen Diktatur, obwohl beide dahin gedeutet werden können, daß die proletarische Klasse im revolutionären Kampf keine Einwirkung kapitalistischer Kräfte auf das öffentliche Geschehen dulden wird. Da das Bekenntnis zur Diktatur des Proletariats aber das unterscheidende Merkmal aller Staatssozialisten geworden ist, die auch praktisch die Herrschgewalt eines Parteiklüngels daraus gemacht haben, und da die Losung »Alle Macht den Räten!« nur noch von autoritätsfeindlichen Sozialisten ausgegeben wird, ist die Sorge, hier solle die gestürzte Macht durch eine neue Macht ersetzt werden, überflüssig. Doch wäre es, um jede verwirrende Deutung auszuschließen, geraten, die Anarchisten einigten sich auf die Losung »Alles Recht den Räten!« – oder auch Alles den Räten, alles durch die Räte, oder, was wiederum dasselbe ist: »Alles für alle durch alle!«

Anmerkungen

S. 16 »Gebrauchsanweisung für Literarhistoriker«: Mühsam stellte das Gedicht dem ersten Kapitel seiner Gedichtauswahl »Sammlung 1898–1928« voran. Das Gedicht wurde eigens für die »Sammlung« geschrieben.
»De mortuis nihil nisi bene«: (lat.) Von den Toten nur Gutes!
Herostrat: Jemand mit pathologisch übersteigertem Geltungsbedürfnis; nach Herostratos aus Ephesus, der 356 v. Chr. einen Tempel anzündete, um berühmt zu werden.
»Sic transit gloria mundi«: (lat.) So vergeht der Ruhm der Welt.
Lethe: Fluß des Vergessens in der Unterwelt der griechischen Mythologie.

S. 18 »Ich bin ein Pilger« ist eines der frühen Gedichte; zuerst in »Wüste« (1904).

S. 18 »Lumpenlied«, zuerst in »Wüste–Krater–Wolken« (1914), wurde häufig in Kabaretts vorgetragen. In der Verfilmung von Klaus Manns »Mephisto« wird es, in einer Kabaretteinlage, von Klaus Maria Brandauer gesungen.
Chapeau claque: (frz.) Klappzylinder.

S. 20 »Erziehung«, zuerst in »Krater« (1909).

S. 21 »Der Revoluzzer«, zuerst in »Krater«, ist Mühsams berühmtestes Gedicht und vielleicht auch das gelungenste seiner frühen Satiregedichte. Es bezog sich auf den Mannheimer Parteitag der SPD, auf dem sie sich gegen den Massenstreik als Kampfmethode ausgesprochen hatte. Seine verallgemeinerte Form ließ es zu einer zeitlosen Satire auf »opportunistische Revolutionäre« werden. Vor dem 1. Weltkrieg bereits von Marc Henry vom Münchner Kabarett »Die elf Scharfrichter« vertont, wurde es in den 20er Jahren erneut sehr populär und u. a. von Ernst Busch vorgetragen.

S. 22 u. 24 »Kalender 1912« und »Kalender 1913«, zuerst in »Kain-Kalender«, einem Jahreskalender des Kain-Verlages.

S. 25 »Kriegslied«, zuerst in »Brennende Erde« (1920).

S. 27 »Der Gefangene«, zuerst in »Brennende Erde«; geschrieben im August 1919 nach der Inhaftierung in Ansbach.

S. 28 »Das sind die Nächte, die mir Furcht erregen«, zuerst in »Wüste–Krater–Wolken«.

S. 29 »Firnis«, zuerst in »Die Welt am Montag«, am 3. 2. 1930. 1929 betrug die Arbeitslosenquote 14,6%. Zum Vergleich: Anfang 1983 10,2%.

S. 30 »Leitsatz«, zuerst in »Fanal«, August 1929; geschrieben zum Todestag von Sacco und Vanzetti.

S. 31 »Mein Testament«, zuerst in »Die Wüste«.

S. 34 »Die Freivermählten« erschien zuerst im Kain-Verlag (1914). In seiner Einführung schreibt Mühsam: »Das vorliegende Werk ist ein Tendenzstück. Es ist in der Absicht geschrieben worden, durch Rede und Beispiel Stimmung zu machen für ganz bestimmte gesellschaftsrevolutionäre Ansichten. Der Dialog bewegt sich vom Anfang bis zum Ende in Variation eines einzigen Themas, wobei deutlich gemacht ist, daß die Meinungen des Räsonneurs (d. i. Rack, A. d. H.) diejenigen des Autors sind ... ›Die Freivermählten‹ sind im Herbst 1909 geschrieben worden. Die Bemühungen, sie bei Theatern unterzubringen, scheiterten meistens an der Angst vor polizeilicher Zensur, zum Teil auch an dem Einwand, daß das Theater keine Agitationsbühne sei.«

Das Stück behandelt das Thema »freie Liebe«; es macht deutlich, daß dabei oft engere Bindungen entstehen als in der konventionellen Ehe. Es zeigt die gesellschaftlichen Vorurteile gegen eine »Ehe ohne Trauschein« ebenso auf wie die Gefahr, daß auch diese neue Form des Zusammenlebens in Regeln erstarrt und somit ebenfalls zur Konvention wird.

Das Stück ist »dem ›Hidalla‹-Dichter Frank Wedekind in Verehrung zugeeignet«. Die Widmung bezeugt den Einfluß Wedekinds auf Mühsams Schaffen während der Münchner Bohemezeit.

S. 48 »Judas« entstand im April 1920 und ist »dem Dichter, dem Freund, dem Genossen Martin Andersen-Nexö« gewidmet. Das Stück wurde im März 1921 vom Mannheimer Volkstheater, in der Inszenierung von G. L. Kupfer, uraufgeführt; unter den Mitwirkenden waren Helene Weigel und Alfred Beierle. Die Aufführung sahen 5000 Arbeiter. Eine zweite Inszenierung fand im Februar 1922 an der Proletarischen Bühne Nürnberg statt (Regie E. L. Schön), und am 29. 4. 1928 wurde »Judas« in den Studio-Spielplan der Piscator-Bühne aufgenommen (Regie Leopold Lindtberg); unter den Mitwirkenden waren Ernst Busch und Erwin Kaiser. Nach dem Zusammenbruch der Bühne versuchte eine »Notgemeinschaft« von Schauspielern und Bühnenarbeitern mit dem »Judas« die Arbeit fortzusetzen. Alle Inszenierungen waren sehr erfolgreich. Das Stück wurde, mit den üblichen Einschränkungen, auch von den kommunistischen Rezensenten akzeptiert.

Den äußeren Rahmen des Stückes bilden die großen Streiks Ende Januar 1918. Der historische Streik begann am 28. Januar in Berlin und griff schnell auf andere Großstädte und die Industriegebiete über. In das Stück sind auch Erfahrungen aus der Zeit der Münchner Räterepublik eingeflossen.

S. 63 »Staatsraison« wurde zum 1. Todestag der beiden Anarchisten Sacco und Vanzetti geschrieben und ist am 21. April 1929, unter der Regie von Leopold Lindtberg, vom November-Studio Berlin uraufgeführt worden. Den Vanzetti spielte Ernst Busch, den Sacco Friedrich Gnas. Die Buchausgabe erschien 1928 im neugegründeten Verlag der Gilde Freiheitlicher Bücherfreunde, dem anarchosyndikalistischen Pendant zur sozialdemokratischen Büchergilde und zur kommunistischen Universum-Bücherei.
In seinem Nachwort hob Mühsam den dokumentarischen Charakter der Arbeit hervor: »Der historische Ablauf der Ereignisse hat ein Drama von so ungeheurer Eindringlichkeit geschaffen, daß der dichterischen Erfindung so gut wie nichts zu tun übrigblieb. Daher habe ich es als meine einzige Aufgabe betrachtet, das wirkliche Geschehen unter Punktierung bestimmter, für die Entwicklung der Ereignisse bedeutungsvoller Daten in Dialogen und angedeuteten Handlungen für die Bühne einzurichten. Die eigene Phantasie hat dabei das wenigste geleistet. Selbst einzelne Reden und Äußerungen, beispielsweise die häufig unglaubhaft kraß anmutenden Gehässigkeiten des Richters Thayer, sind vielfach dokumentarisch beglaubigt.«
Sacco und Vanzetti, italienische Einwanderer und Anarchisten, sind am 23. August 1927 in den USA hingerichtet worden. Sie waren beschuldigt worden, am 15. April 1920 in South Braintree (Massachusetts) bei einem Raubüberfall zwei Wächter erschossen und zwei Pakete mit Lohngeldern geraubt zu haben. Der Prozeß war eine Farce. Die Verurteilung der Anarchisten führte zu weltweiten Protesten, die die Hinrichtung allerdings nicht verhindern konnten.
Bridgewater: Am 24. Dezember 1919 war in Bridgewater ein ähnlicher Raubmordversuch begangen worden. Die Justiz versuchte ihn Vanzetti in die Schuhe zu schieben, obwohl der zum Zeitpunkt der Tat nachweislich als Fischverkäufer in Plymouth gearbeitet hatte.
Stahlkäfige wurden während der Gerichtsverhandlung benutzt. Der Angeklagte saß darin fast in der Mitte des Raums. An der Vorderseite stand der Käfig offen zum Zeichen, daß der Angeklagte noch nicht verurteilt war. Die Geschworenen sahen ihn von ihrem Platz aus bereits hinter Gittern. Andrea Salsedo, Italiener wie Sacco und Vanzetti, war nach seiner Verhaftung am 3. 5. 1920 aus dem 14. Stock des New Yorker Polizeigefängnisses zu Tode gestürzt. Sacco und Vanzetti bereiteten für den 9. Mai eine Protestversammlung vor, wurden jedoch vorher, am 5. Mai, verhaftet.
Deportationen: Nach der russischen Oktoberrevolution erreich-

te die Angst vor den Kommunisten einen ersten Höhepunkt. »Alle Radikalen wurden, sofern sie nicht in den USA geboren waren, rücksichtslos aus dem Land gejagt. Ganze Eisenbahnwagen mit Anarchisten, Syndikalisten, Kommunisten und Sozialisten wurden nach den Hafenstädten befördert und von dort aus in ihre sogenannte ›Heimat‹ abgeschoben ...« (Augustin Souchy)

S. 72 »Ascona. Eine Broschüre«, zuerst 1905 erschienen, ist »dem Naturforscher des Individualismus, Herrn Dr. Fritz Brupbacher in Zürich zugeeignet«.

Ascona war damals zum Anziehungspunkt für viele esoterische Randgruppen der Gesellschaft geworden. In Henri von Oedenkovens vegetarischer Kolonie weilte u. a. Hermann Hesse zur Kur. Zahlreiche Anarchisten wohnten in oder bei Ascona, darunter auch der Arzt und ehemalige SPD-Reichstagsabgeordnete Dr. Raphael Friedeberg, der sich ab 1904 zum Anarchismus bekannte und viele seiner mittellosen Gesinnungsgenossen finanziell unterstützte.

In Ascona wohnten damals oder waren zu Besuch u. a.: Peter Kropotkin, August Bebel, Gusto Gräser, Emil Ludwig, Franziska zu Reventlow, Käthe Kruse, Otto Gross, Else Lasker-Schüler, Rudolf Steiner, Richard Seewald, Emmy Hennings, Hugo Ball, Klabund, Oskar Maria Graf, René Schickele.

1977 hat Harald Szemann eine umfangreiche Ausstellung in Ascona, auf den Brissago Inseln und dem Monte Verità veranstaltet. Der Katalog enthält auch eine provokativ gemeinte Werbepostkarte für Oedenkovens Sanatorium aus dem Jahre 1904, die Mühsam nackt auf einem Wasserrad sitzend zeigt.

Caserio, italienischer Anarchist, ermordete 1894 den französischen Präsidenten Sadi Carnot als Vergeltung für die Hinrichtung der Bombenwerfer Ravachol und Henry. Johannes Nohl, dem der Gedichtband »Krater« gewidmet ist, wurde später Psychoanalytiker und beging in Jena Selbstmord.

S. 89 »Von Eisner bis Leviné« wurde im September 1920 im Gefängnis Ansbach geschrieben. Mühsam richtete den Bericht »zur Aufklärung an die Schöpfer der russischen Sowjetrepublik zu Händen des Genossen Lenin«. Als der Bericht zehn Jahre später erschien, distanzierte sich Mühsam in einem Vorwort von seinem Adressaten. Er habe 1920 nicht wissen können, »was 1929 aus Rußland geworden sein würde«. »Das furchtbare Verbrechen gegen die ihre Räterechte verteidigenden Kronstädter Matrosen und Arbeiter« sei erst später erfolgt, und er habe damals auch nicht wissen können, daß die Bolschewiki die ukrainische anarchistische Machnobewegung zerschlagen würde. Er wollte mit der Publizierung seiner Schrift vor allem die KPD-Version von den Münchner Ereignissen widerlegen. In einem von Paul Weber (d. i. Paul Fröhlich) verfaßten Bericht war die erste, nicht kommunistische Phase der Räterepublik als »Scheinräterepublik« diffamiert worden.

RAR (Revolutionärer Arbeiter Rat), im November 1918 auf Initiative Kurt Eisners entstanden, umfaßte er zunächst 50 Mitglieder. Mühsam wurde am 2. Tag gegen den Widerstand Eisners aufgenommen und setzte auch die Aufnahme Gustav Landauers durch. Die Mehrheit der RAR-Mitglieder gehörte formell der USPD an; einige bekannten sich zum Anarchismus. Nach Gründung der KPD traten viele zur neuen Partei über. Da die KPD die Räterepublik zunächst ablehnte, gerieten sie mit ihrer Doppelmitgliedschaft in eine schwierige Lage.

S. 140 »Die Befreiung der Gesellschaft vom Staat« erschien zuerst in »Die Internationale«, Heft 5–8, 1932.

Nach dem »Fanal«-Verbot gab Mühsam die Schrift noch einmal als Sonderheft heraus, mit dem Untertitel »Was ist kommunistischer Anarchismus«.

Auf die einleitenden Kapitel »Das Weltbild des Anarchismus«, »Der historische Materialismus« und »Das soziale Bewußtsein« mußte für diese Ausgabe aus Platzgründen ebenso verzichtet werden wie auf die beiden Schlußkapitel »Der Weg zur Anarchie« und »Proletarische und bürgerliche Moral«. Weitere Kapitelauslassungen sind mit [. . .] gekennzeichnet. Innerhalb der Kapitel wurde nicht gekürzt.

„Im Namen des deutschen Volkes"
Todesurteile des Volkgerichtshofes. Eingeleitet und herausgegeben von Heinz Hillermeier. Band 313

Urs Jaeggi: Was auf den Tisch kommt, wird gegessen
Aufsätze. Band 343

Hermann Kant: Unterlagen
Zu Literatur und Politik. Band 424

Horst Karasek: Das Dorf im Flörsheimer Wald
Eine Chronik vom alltäglichen Widerstand gegen die Startbahn West. Band 368

Klassenbuch
Ein Lesebuch zu den Klassenkämpfen in Deutschland
Herausgegeben von Hans Magnus Enzensberger, Rainer Nitsche, Klaus Roehler und Winfried Schafhausen.
Band 1: 1756 - 1850. Sammlung Luchterhand 79
Band 2: 1850 - 1919. Sammlung Luchterhand 80
Band 3: 1920 - 1971. Sammlung Luchterhand 81

Kinderschaukel
Ein Lesebuch zur Geschichte der Kindheit in Deutschland.
Herausgegeben und eingeleitet von Marie-Luise Könneker.
Band 1: 1745 - 1860. Sammlung Luchterhand 210
Band 2: 1860 - 1930. Sammlung Luchterhand 217

Die „Machtergreifung"
Tagebuch einer Wende nach Presseberichten vom 1. Januar bis 6. März 1933.
Herausgegeben von Wieland Eschenhagen
Band 432

Heimat deine Heimat
Ein Lesebuch. Herausgegeben von Jürgen Liebing
Band 400

Spuren der Befreiung – Herbert Marcuse
Ein Materialienbuch zur Einführung in sein politisches Denken. Herausgegeben von Detlev Claussen. Band 333

Mut zur Angst – Schriftsteller für den Frieden
Herausgegeben von Ingrid Krüger. Band 415

Pablo Neruda: Ich bekenne, ich habe gelebt
Memoiren. Band 220

Rainer Nitsche / Ulli Rothaus: Offene Türen und andere Hindernisse
Erfahrungen einer selbstverwalteten Schule für Erwachsene
Band 344

Rainer Nitsche / Walter Kröber: Grundbuch zur bürgerlichen Gesellschaft
Band 1: 1750 - 1889. Sammlung Luchterhand 251
Band 2: 1890 - 1933. Sammlung Luchterhand 252
Band 3: 1933 - 1978. Sammlung Luchterhand 266

Provokationen
Die Studenten- und Jugendrevolte in ihren Flugblättern 1965 - 1971. Herausgegeben und eingeleitet von Jürgen Miermeister und Jochen Staadt. Band 322

Michael Schneider: Den Kopf verkehrt aufgesetzt
Die melancholische Linke. Aspekte des Kulturzerfalls in den siebziger Jahren. Band 324

Peter Schneider: Die Botschaft des Pferdekopfes
und andere Essais aus einem friedlichen Jahrzehnt
Band 370

Anna Seghers: Das siebte Kreuz
Band 108

Valentin Senger: Kaiserhofstraße 12
Band 291

Sie machen uns langsam tot
Zeugnisse politischer Gefangener in Deutschland 1780 - 1980. Herausgegeben von Kurt Kreiler. Band 374

Stadtleben
Ein Lesebuch. Herausgegeben von Karl Riha. Band 419